Franz S. Leithner

Der heldenmütige Kampf Wiens gegen die Türken 1683 und Onno Klopp's ungerechte Verdächtigungen der Wiener Bürgerschaft

Franz S. Leithner

Der heldenmütige Kampf Wiens gegen die Türken 1683 und Onno Klopp's ungerechte Verdächtigungen der Wiener Bürgerschaft

ISBN/EAN: 9783743316959

Hergestellt in Europa, USA, Kanada, Australien, Japan

Cover: Foto ©ninafisch / pixelio.de

Manufactured and distributed by brebook publishing software (www.brebook.com)

Franz S. Leithner

Der heldenmütige Kampf Wiens gegen die Türken 1683 und Onno Klopp's ungerechte Verdächtigungen der Wiener Bürgerschaft

Vorm Kriegszug der Türken nach Wien.

Obwohl von den Türken bereits der größte Theil Ungarns und ganz Siebenbürgen der Herrschaft des Kaisers entrissen war, so mußte doch, um die Erneuerung des Waffenstillstandes zu erwirken, Kaiser Ferdinand III. 1645 dem nach der Herrschaft in Ungarn Verlangen tragenden Fürsten Siebenbürgens Ragoczy I. sieben ganze Gespannschaften nebst Tokay und andern Orten abtreten. Siebenbürgen war oft der Herd steter Unruhen. Der Streit um den Besitz des Landes, des Fürstenthums, erregte grimmigste Kämpfe, brachte immer wieder die Gefahr der Einmischung Fremder, die Gefahr des Krieges zwischen Osmanen, Ungarn und dem Kaiser. Als Fürst Ragoczy II. wider den Willen der Pforte einen Bund mit den Schweden und Kosacken gegen Polen schloß und einen Kriegszug nach Polen unternahm, war hierüber der Sultan so erzürnt, daß er seinen Vasallen absetzte. Und nun gingen aus der Wahl der Siebenbürger nach einander die Magnaten Rhedei und Barksay als Fürsten hervor. Vergebens wandte sich der abgesetzte Ragoczy hülfesuchend an den Kaiser Leopold und an die Stände Siebenbürgens. Nun beschloß er mit eigenen Hülfsmitteln mit den Türken Krieg zu führen. Der Großvezier Mohamed Köprily zog mit einer ungeheuren Uebermacht gegen ihn. 150,000 Christen wurden theils zusammengehauen, theils in die Sklaverei geschleppt. Ragoczy wollte den türkischen Schützling Barksay vertreiben, wurde aber geschlagen und selbst vertrieben. Aber Siebenbürgen ward von Ragoczy nicht so leichten Kaufes aufgegeben. Und wieder zog er nach Siebenbürgen, wurde aber wieder geschlagen und erlag einer todtbringenden Wunde. Vom Schlachtfeld wurden 4000 Köpfe dem Sultan und dem Großvezier geschickt und vor beiden hergetragen; dann warf man diese Köpfe vor die Füße des Pferdes des Großveziers und gab sie schließlich den Hunden preis. — Die Zeiten hatten sich seit der I. Belagerung Wiens durch Sollman 1529 sehr verändert, aber türkischer Hochmuth, türkische Barbarei waren dieselben, wie zur Zeit, als unter dem genannten Sultan das Osmanenthum den Gipfel der Macht und des Glanzes erklommen hatte. Und dieses übermächtige Barbarenthum war über 40 Paschaliks, jedes einem Königreich gleich, unbeschränkter Gebieter. Von Bagdad,

dem fernsten Paschalik im Osten, reichte des Padischah Macht bis
zur Hauptstadt Buda (Ofen) in Ungarn. Unterdessen hatte sich
Johann Kemeny als neuer Herrscher Siebenbürgens aufgeworfen.
Er hatte aber nicht bloß die Türken, sondern auch, weil er Katholik
war, die protestantischen Siebenbürger, und zu allem Ueberfluß noch
die Brüder Barksay gegen sich. Diese zwei Brüder machten eben=
falls auf das schöne Siebenbürgen Anspruch, aber Kemeny machte
mit den fürstlichen Ansprüchen seiner Rivalen den kürzesten Prozeß
— er ließ sie einen nach dem andern — hinrichten. Siebenbürgen
ward von den Türken besetzt und Kemeny von ihnen wieder ver=
trieben.

Man sieht, das Austreibungsgeschäft wurde recht
schwunghaft betrieben! Nun ließen die Türken den Michael Apafi
zum Fürsten wählen. Nicht „Wählen", sondern „Austreiben" war
aber Kemeny's Losung. Er fiel also unverzagten Muthes wieder
im gelobten Land Siebenbürgen ein, um seinen gewählten Neben=
buhler die Süssigkeiten einer solchen Wahl kosten zu lassen, ihn zu
vertreiben. Kemeny ward besiegt, aber nicht — vertrieben, dafür
aber — und das war ein sehr gründlicher Abschluß der Austrei=
bungsgeschichte — von den Pferden zertreten. Die Türken wollten
nun Siebenbürgen, diesen schönen Schauplatz edelsten Wettstreites
edler Großen um die — türkische, fürstliche Vasallenschaft, lieber
in ein Paschalik verwandeln, als dem Spiel des Austreibens und
Ausgetriebenwerdens länger zu sehen. — Der kaiserliche Hof machte
Einsprüche, es drohte also ein Krieg zwischen dem Kaiser und den
Türken.

Viele Dezennien, glücklicherweise den ganzen 30jährigen Krieg
hindurch, hatten die türkischen Waffen auf den alten, von ihnen so
oft heimgesuchten Schauplätzen Europas geruht. —

Nun kamen sie wieder in Bewegung. Der Kaiser wollte den
Siebenbürgern, den Ungarn helfen, er fand aber weder die Deut=
schen noch die Ungarn geneigt, ihm gegen die Türken beizustehen.

Wohl bewilligte nun der deutsche Reichstag ein Reichsheer,
aber es stand noch auf dem Papier, als schon die Türken bei Barkan
ihre alte Kraft, aber auch ihre alte Grausamkeit zeigten. Von den
bei Barkan Gefangenen wurden von den Türken 700 theils zusam=
mengehauen, theils mit Messern formgerecht wie das liebe Schlacht=
vieh — abgeschlachtet. Er habe kein Brod für diese Hunde, sagte
der menschenfreundliche Vezier. Die Festung Neuhäusel fiel nach
tapferer Gegenwehr in türkische Hände. Nun waren die Türken den
Gränzen Deutschlands recht nahe gerückt. Die Tartaren streiften

in Mähren bis nach Schlesien hin und schleppten in diesem einen Jahr 1663 etwa 100,000 Ungarn in die Sklaverei. Am Schluße dieses Jahres raffte sich der deutsche Reichstag endlich doch zu einer Mannesthat auf. Aus dem Reiche zogen 42000 Mann Fußvolk und 14000 Reiter nach Ungarn. Auch andere Staaten schickten Hülfe, entweder Kämpfer oder Geld. In einem siegreichen Treffen an der Gran wurden von den Reichstruppen 1000 Wägen erbeutet, auf welchen die Türken den Raub aus Hunderten von Orten Siebenbürgens und Ungarns geladen hatten. Das Türkenheer zog in der Stärke von 121,600 Mann in Ungarn ein. Bald stand der Großvezier an der Raab. Wien war also sehr bedroht, über 20,000 flohen aus der Stadt. Aber da wurde, 1664, bei St. Gotthard ein Sieg über die Türken errungen, wie er glänzender seit 300 Jahren nicht erfochten worden ist. Wenige Tage darnach kam für 20 Jahre ein Waffenstillstand zu Eisenburg zu Stande. Aber der herrlichsten Blüthe christlicher Tapferkeit, dem Siege, entsprach nicht die Frucht. Der Friede war nämlich günstiger für den besiegten Sultan, als für den Sieger, den Kaiser. Diese bittere Frucht barg auch den Keim bitterster Folgen. Der Friede sollte bis 1684 dauern, aber es kam anders, es kam das Jahr 1683 und mit ihm der türkische Friedensbruch. Die Hauptquelle immerwährender, gewaltthätiger, blutiger Störungen der Ruhe Ungarns war fanatischzelotischer Kampf **gegen die Freiheit des religiösen Bekenntnisses**, des protestantischen Glaubens, der Glaubensübung. — Im Linzer Friedensvertrag 1645 erhielten die verfolgten ungarischen Protestanten völlige Religionsfreiheit; nun erst konnten sie eine evangelische Synode abhalten. Aber bei dieser Freiheit blieb's nicht, sie wurde beschränkt, ja mit der Vernichtung bedroht. Den Protestanten wurden Kirchen genommen, Schulen zerstört, abgefallene Bauern wurden mit Gewalt katholisch gemacht. Die protestantischen Ungarn wollten nicht einmal kaiserliche Truppen im Lande dulden, sie klagten, diese Truppen würden gebraucht zur Unterstützung katholischer Landherren bei ihren Bedrückungen protestantischer Unterthanen, bei der Zerstörung protestantischer Kirchen. Die Ungarn zeigten wenig Neigung, dem Kaiser im Kampfe gegen die Türken beizustehen, deutsche Hülfstruppen aufzunehmen, trotz der augenscheinlichsten Gefahr, von den Türken zu Sklaven eines solchen orientalischen Despoten gemacht zu werden, der von seinen Unterthanen nicht mehr Gehorsam, sondern — Anbetung fordert. — Die Protestanten lebten der Ueberzeugung, unter der türkischen Herrschaft mehr auf religiöse Duldung rechnen zu können, als unter

dem Kaiser. Lieber unterwarfen sie sich den Türken und ihrem
Drucke, als einer mit moralischem und physischem Zwang durchge‐
führten Rückkatholisirung.

Kaiser Leopold I. war sittenstrenge, gelehrt, nicht eitel, fried‐
liebend, gerecht, — König Ludwig XIV. von Frankreich war von
alledem das — Gegentheil. Beide waren Katholiken, der König aber
war ein zuchtloser Heuchler, der Kaiser wahrhaftig, aber beschränkt
bigott, religiösfanatisch mißleitet. Schon Kaiser Karl V., schon
Melanchthon warnten vor den Franzosen „als Rettern der deutschen
Fürsten aus der Tyrannei des Kaisers". „Während die französische
Regierung den Protestantismus in ihrem eigenem Lande krampfhaft
verfolgte und durch unerhörte Grausamkeiten am Ende vernichtete,
vertheidigte sie benselben in Deutschland, um das Haus Habsburg
zu schwächen, um sich zu vergrößern, um Deutschland das schöne
Elsaß zu entreißen.

Das schmählichste Beispiel größter Niedertracht gab
König Ludwig XIV. Er, der im eigenen Lande Heirathen zwischen
Protestanten und Katholiken verbot, der den Uebertritt zur prote‐
stantischen Religion mit der Todesstrafe bedrohte, der, zum
Katholicismus gezwungene, aber katholische Ceremonien nicht mit‐
machende Protestanten einer unerhört grausamen Kriminal‐
justiz überantwortete, trat in Wien beim Kaiser gegen die Pro‐
testanten Ungars, in Ungarn bei Tököly für die Protestanten und
gegen den Kaiser auf! Welch teuflisch-arglistisches Doppelspiel!
Durch seine Werkzeuge spornte der Beschützer der Freiheit, der
Protestanten am Wienerhof zu immer brutaleren Verfolgungen
der Protestanten an; insgeheim aber trat er in Verbindung mit
den Protestanten, mit den Häuptern der ungarischen Verschwörung
und sicherte ihnen seinen Schutz zu.

Auch den Sultan hetzte er gegen Kaiser.

Ja, was List und Gewaltthätigkeit betrifft, so war der
civilisirte Barbar auf dem Throne Frankreichs dem uncivi‐
lisirten Barbaren und Großvezier — K. Muftapha lernte erst
als Großvezier-Stellvertreter lesen und schreiben — mindestens
ebenbürtig. Der Sultan hielt sich für den höchsten Monarchen, dem
die Oberherrlichkeit über alle Potentaten gebührt. Ludwig hielt sich
für den König der Könige, für berufen zu Universalmonarchie.
Der Papst stellte Türken und Protestanten auf eine Linie; mit
mehr Recht waren des Katholiken Ludwig edle Eigenschaften—
List, Gewalt, Hochmuth 2c. — mit jenen des Türken, des Groß‐
veziers zu vergleichen.

Den Waffenstillstand von Eisenburg erklärten die Ungarn für gesetzwidrig geschlossen; sie forderten die Zurückziehung aller deutschen Truppen. Während die Ungarn, auch die katholischen, darüber klagten, der Kaiser wolle die alte Verfassung dieses Wahlkönigreichs vernichten, dieselbe Herrschaft, wie in den übrigen Erbländern einführen, spornte der „Schützen der Ungarn", Ludwig, durch seinen Gesandten in Wien zu immer größeren Verletzungen der ungarischen Verfassung an. Und nun kams zu jener Verschwörung der obersten Würdenträger der Nation, aus welcher, wie aus einer weiteren Hauptquelle, das Unheil der kommenden Jahre über Land und Leute sich ergoß. Man berief sich auf das Recht der Stände zum bewaffneten Widerstand gegen den, die Verfassung verletzenden König. Man wollte sich ganz von der österr. Herrschaft losmachen, man strebte ein neues ungarisches Wahlreich unter türkischem Schutz an, man wollte eine der siebenbürgischen ähnliche Regierung. Graf Nabasdy, der reichste Mann Ungarns, Land und Hofrichter, Katholik, der Ban von Kroatien Graf Peter Zriny, der Statthalter von Steiermark Graf Tattenbach, der Markgraf Franz Frangipani wurden wegen Hoch- und Landesverrathes 1671 hingerichtet. Was auf diese Hinrichtungen folgte, bereitete noch gründlicher den Boden für das kommende Unheil. Unschuldige mußten mit den Schuldigen, Alle für Wenige büßen. Eine barbarische Justiz sprach den Kindern Hingerichteter Vermögen und ehrlichen Namen ab. Die Verfassung wurde als durch die Rebellion verwirkt betrachtet, Ungarn wurde wie ein erobertes Land behandelt. Grausame Strafen, Verfolgungen, Vermögensconfiscationen folgten. Nun wurde gegen die Protestanten erst recht gewüthet, militärische Ausschreitungen wurden erst recht in Scene gesetzt, die Grundlage aller Ruhe, aller Ordnung, — alles Gefühl von Recht und Sicherheit, wurden erst recht unterwühlt, aufgewühlt, zerstört.

Es wird berichtet, daß 400 Pfarrer eingezogen wurden, daß jene von ihnen, welche ihres Amtes nicht entsagten, oder nicht katholisch wurden — nicht begnadigt sondern zur Galeerenstrafe verurtheilt wurden. Nach Neapel z. B. kamen 40 solcher Unglücklichen, sie wurden um 90 Kronen per Kopf verkauft und zum Rudern an die Galeere gefesselt. Viele starben aber schon unterwegs. Alles deutete darauf hin, daß man in Wien daran denke, den Protestantismus in Ungarn auszurotten. Alle Nachbarländer, besonders Siebenbürgen, füllten sich mit Flüchtigen. Ein innerer Krieg zwischen Kaiserlichen und Rebellen von schaudervoller Wildheit folgte und wüthete über 2 Jahre. Den Rebellen floß reichliche **französische Geldhilfe** zu.

Ludwigs Absicht, Oesterreich vom deutschen Kaiserthron zu verdrängen, einen schwachen Fürsten oder gar sich selbst auf diesem Thron zu sehen, war durch die Wahl Leopold I. zum Kaiser vereitelt. Seit dem westphälischen Frieden waren kais. Gewalt und Staatseinheit in Deutschland geschwächt, ja vernichtet. Obwohl seither die Macht des Kaisers bei Streitigkeiten mit den Fürsten nur auf gütliche Vorstellungen beschränkt war, weckte und nährte Ludwig doch die Eifersucht der deutschen Fürsten gegen das schon so lange im Besitz der Kaiserwürde und übergroßer Haus-Macht befindliche Oesterreich, um die Uneinigkeit und Schwäche des Reiches zu länder-räuberischen Zwecken, zur Vergrößerung Frankreichs auszubeuten. 1667 fiel er räuberisch in den spanischen Niederlanden und 1668 in der Freigrafschaft Burgund ein, und mußte aber letzteres wieder herausgeben. — 1670 bemächtigte er sich räuberisch des deutschen Herzogthums Lothringen. In den Staatsverträgen hatte Frankreichs Regierung im 30jährigen Krieg auf das Heiligste versichert, alle Eroberungen bei dem Friedensschluß zurückzugeben. Mit dem beim Friedensschluß erbeuteten Theil von Elsaß nicht zufrieden, wollte Frankreich ganz Elsaß dem deutschen Reich entreißen. Wider den Buchstaben des Friedens ließ Ludwig 1672 10 zum Reich gehörige Städte von Elsaß gewaltsam besetzen, später einen Theil derselben sogar gräulich verwüsten. Ludwig richtete sein ländergieriges Auge auf die freien Niederlande. Endlich die Gefahr erkennend, ward 1674 der Reichskrieg gegen Frankreich ausgesprochen.

Frankreichs Heere zogen über den Rhein. Der Türke hätte in der Pfalz und in den badischen Ländern nicht barbarischer wüthen können als die französischen Katholiken. An der Seine sah man auf 14 Meilen weit nichts als Brandstätten, Wüsteneien. Im Breisgau kamen viele Tausende vor den Räubern in die Wälder Geflüchtete vor Hunger und Kälte um; dem schmählichen, steten Rauben, Schänden und Mordbrennen machte in schmählicher Weise der Friede zu Nymwegen 1679 ein Ende, denn Kaiser und Reich mußten Deutschburgund, Freyburg und Lothringen in der Gewalt des Räubers auf dem Throne lassen.'

Der Krieg mit Ludwig hinderte den Kaiser eine größere Truppenmacht nach Ungarn zu senden.

Der Kaiser beschloß nun, die Strenge gegen die Ungarn zu mildern, allein die Vorschläge der nach Wien berufenen Rathsversammlung, die deutschen Truppen aus Ungarn zu entfernen, einen Reichstag zu berufen, einen Palatin zu ernennen, die neu eingeführten Auflagen abzuschaffen, wurden nicht angenommen. Ludwig gelang es nicht, in Ungarn einen offenen Krieg zu erregen. Nach dem Tod des friedliebenden Vezier Achmet Cöprili folgte ihm der kriegerische K. Mustapha, ein großer Gönner und Hort des ungarischen Aufruhrs. Dieser Ehrenmann hatte den Beinamen Schlächter von Human, weil er die Bewohner dieses Ortes niedermetzeln ließ. Eine recht ansehnliche Leistung auf dem Gebiete der Grausamkeit! Aber eine besondere großvezierliche Spezialität war, daß er Leute lebendig schinden und die ausgestopften Häute seinem Herrn schickte. Diesen lieben, ersten türkischen Großwürdenträger zierten noch andere gute Eigenschaften; er war käuflich, geizig, ehrgierig, herrschsüchtig, listig, prachtliebend. Und um diese Qualitäten ins rechte Licht zu stellen, dazu bedurfte er nicht bloß eines großen Einkommens, sondern der Anhäufung von Schätzen.

Aber hat im civilisirten Frankreich der gleißnerische Minister Mazarin nicht auch 231 Millionen hinterlassen und lebten nicht Millionen Franzosen von einem Stück Hafer- oder Kleienbrod?

Ludwigs Gesandte versprachen dem Oberbefehlshaber der Insurgenten, Emerich Tököly, ihn durch 15 000 Siebenbürger, sowie durch 5000 Polen, welche mit französischem Gelde geworben werden sollen, zu verstärken. Verstärkt durch solche polnische Söldner, streiften die Rebellen brennend, raubend und mordend nach Oesterreich, eroberten fast alle Bergstädte in Oberungarn und fielen in Mähren und Schlesien ein. Der hier und am Rhein arg bedrängte Kaiser bot nun den Ungarn eine allgemeine, gänzliche Verzeihung, Bestätigung aller ihrer Freiheiten, namentlich der freien Religionsübung und Rückgabe aller eingezogenen Güter an, wenn sie die Waffen binnen 3 Monaten niederlegen. Die Versöhnungsversuche mißlangen, ja ein Theil der angebotenen Zugeständnisse wurde vom Kaiser — später zurückgenommen. „Die Zeiten, die unmittelbar auf den Nymwegner Frieden folgten sind die schmachvollsten die Europa, Deutschland und Oesterreich jemals erlebten." Im westphälischen Frieden heißt es, daß die Landgrafschaft Elsaß so auch die Bisthümer Metz, Toul und Verdun mit allen ihren Dependenzen an Frankreich fallen sollen. Nun machte Frankreich auf einmal nicht auf die zur Zeit des Friedens zu diesen Bisthümern gehörigen Dependenzen, sondern auf solche Anspruch, die irgend wann und einmal, und wär's vor tausend Jahren, zum Elsaß und den 3 Bisthümern gehört hätten, es machte auf Städte, Grafschaften, Fürstenthümer, ja das Herzogthum Luxemburg Anspruch. Ludwig ließ die Herren dieser Länder, den Herzog von Würtemberg, der Markgraf von Baden, den König von Schweden, den König von Spanien vor seine eigens errichteten Gerichte (Reunionskammern) vorfordern; den nicht Erschienenen wurde ihr Eigenthum abgesprochen und gewaltsam militärisch abgenommen. Reichsstädte und Reichsritterschaft des Elsaßes wurden zur Huldigung gezwungen. Ludwig, der Großvezier und Tököly trugen redlich dazu bei, um jegliche Versöhnung zu vereiteln. Es dürfte nicht Wunder nehmen, wenn der Kaiser auf seinen Antrag, den Eisenburger-Frieden zu erneuern, vom Sultan keiner bestimmten Antwort gewürdigt ward. Endlich erfüllt der Kaiser den Wunsch der Ungarn, er schrieb einen Reichstag zur Wiederherstellung der verfassungsmäßigen Rechte für Mai 1681 nach Oedenburg aus. Vor allem wurde die Würde eines Palatin wieder hergestellt. Nur die gemäßigte Partei kam, Tököly kam mit seiner Partei nicht, weil seine Forderung, vor allem Andern den Protestanten sämmtliche, ihnen entzogenen Kirchen, Schulen und Güter zurückzugeben, zurückgewiesen wurde. Auf dem Reichstag waren die katholischen und die protestantischen Parteien darin unermüdlich, sich gegenseitig ihre begangenen Grausamkeiten vorzuwerfen. Hartnäckig blieben sie auf ihren Standpunkten stehen. Eine kaiserliche Entscheidung in der Religionsangelegenheit befriedigte keine Partei. Unläugbar war jetzt beim besten Willen wegen der Einmischung Fremder die Pazifikation Ungarns unmöglich. Eine Anzahl Kirchen wurden den Protestanten zurückgegeben, aber nicht alle, die sie verlangten. Dies war den Protestanten zu wenig, den Katholiken zu viel. Und katholische Grundherren sollten über den Glauben ihrer Unterthanen verfügen können, protestantische Grundherren dagegen nicht! Die protestantischen Stände verlangten Züchtigung der Störer der freien Religionsübung, die katholischen Stände verlangten Schutz vor den Wuthausbrüchen der Nichtkatholiken und ebenfalls Genugthuung. Und in diese Zeit schwerster Bedrängniß fiel die allergrößte Missethat Ludwigs, die frechste aller unter dem Namen Reunionen ausgeübten Räubereien! Plötzlich war die freie, deutsche Reichsstadt Straßburg von 40.000 Franzosen umlagert, zur Unterwerfung aufgefordert, widrigens sie als Rebellin behandelt, erobert und der Verwüstung preisgegeben würde! Sie fiel durch Betrug und Gewalt in Ludwigs Gewalt. Kaiser Leopold ward über den französischen Hof, der sich so frevelhaft über alle Pflichten der Rechtschaffenheit, der Ehre und des Gewissens hinwegsetzte, sehr erzürnt. Mehr als sonst erregt rief er, er werde diese gegen ihn und das Reich verübten Unbilden nicht dulden! Der Ende 1681 zu Stande gekommene Reichstagabschluß erneuerte die politischen Rechte und Freiheiten Ungarns. Zu spät!

Tölölys Bitte um den Schutz des Sultans ward vom Fürsten Siebenbürgens und vom Botschafter Ludwigs unterstützt. Ludwig und Tölöly schmeichelten dem Großvezier, daß er in Wien auf den Trümmern der Herrschaft des Hauses Habsburg dem Islam ein neues Reich errichten könne. Früher schon hatte der Großvezier versprochen, den Insurgenten mit der ganzen türkischen Kriegsmacht zu Hülfe zu kommen.—Die Türken und Ludwig schmeichelten wieder dem Tölöly, als türkischer Vasall, Herr von ganz Ungarn zu werden. Tölöly plante den Besitz eines selbstständigen Fürstenthums unter türkischer Oberherrlichkeit.

Die Gefahr, mit welcher Ludwig den Kaiser und das Reich bedrohte, hielt der Kaiser für größer, als die Türkengefahr. Der Krieg mit Ludwig erschien ihm eine **unvermeidliche** Nothwendigkeit, den Krieg mit dem Sultan glaubte er verhindern oder doch **verzögern** zu können. Der Kaiser war überzeugt, daß Alles, was mit den **Türken** abgeschlossen werde, **mehr Sicherheit** gewähre, als alle Verträge mit Ludwig. Dieser König hielt nicht Wort, nicht Vertrag, nicht Eid. Tölöly hatte gegen einen jährlichen Tribut von 40.000 Thalern die Anerkennung des **Sultans** als König, die Belassung der Ungarn bei ihrer Religion, ihren Sitten und Gesetzen erhalten. Frühzeitig hatte der kais. Resident vor der Gefahr gewarnt. Des Großveziers Betheuerungen, nicht feindselig zum Frieden geneigt zu sein, waren heuchlerische Arglist, um ungestörter die Vorbereitungen für den Kriegszug zu treffen, des Kaisers Vorbereitungen zur Abwehr hintanzuhalten. Selbst dann noch, als Tölöly in dem immer wieder neu aufgenommenen Kriege Kaschau, Eperies und Fülek erobert hatte, als er von den Türken zum König von Oberungarn ausgerufen, also der **Bruch Tölölys** mit dem Kaiser vollendet war, täuschten sich Kaiser und des Kaisers Rathgeber über die Größe der Gefahr. Und als auch der kais. Gesandte in Konstantinopel sich dahin aussprach, wuchtige Hiebe gegen Tölöly könnten die Dinge in Konstantinopel wenden, war man in Wien nicht dafür. Vergebens wurde gewarnt, nächstes Jahr erfolge der türkische Angriff, dem Kaiser bleibe keine andere Wahl als zum Schwert zu greifen, um Monarchie und Christenheit gegen die Türken zu vertheidigen.

Bis tief in's Jahr 1683 hinein zogen sich die Verhandlungen mit Tölöly. Kaiser und Hofkriegsrath glaubten noch immer, Tölöly zu gewinnen, durch ihn die Erneuerung des Eisenburger Friedens zu erlangen. Man glaubte, der Kaiser brauche ihm nur Alles nachzusehen und einige Komitate zu geben. Der Kaiser glaubte, im Osten handle es sich nur um einige Komitate, im Westen dagegen um die Kaiserkrone. Der Nebenbuhler des Kaisers aber, Ludwig, hatte schon dafür gesorgt, daß eben von Osten her auch die größte Gefahr für die Kaiserkrone drohe.

Ende 1682 liefen in Wien solche Nachrichten ein, daß auch der Kaiser jede Hoffnung auf Erhaltung des Friedens aufgab; Ende 1682 hatte ja das zum Kriege ausgezogene Türkenheer das Lager in Adrianopel schon bezogen. Der Sultan hatte für die Erneuerung des Friedens Dinge gefordert, deren Erfüllung dem Kaiser unmöglich war, Tributzahlung, Schleifung von Festungen, Landabtretung ꝛc. Die Gefahr war riesig groß; sie drohte gleichzeitig im Osten und Westen. Der Kaiser rief, lieber wolle er, wenn ihn der Untergang bedrohe, mit Ehren untergehen, als einen Sonderfrieden mit Frankreich schließen, als dem Sultan tributpflichtig werden. Und nun hieß es: Wien verloren.—Alles verloren! Eiligst wurden Gesandte nach Italien, nach Rom, Sachsen, Baiern, Brandenburg, Spanien und Polen geschickt, um Verbündete zu gewinnen, Hülfe zu schaffen. Die Kurfürsten von Baiern und Sachsen sagten die Hülfe zu, der schwäbische und fränkische Kreis stellten Rüstungen an, obwohl täglich ein Ausbruch des Krieges mit Frankreich am Rhein drohte. Und endlich glückte es dem Kaiser, mit Polen ein Schutz- und Trutzbündniß abzuschließen, trotz allen Bemühungen Ludwigs, diesen Abschluß zu hintertreiben. Polen nahm ruhmwürdigen Antheil an der Befreiung Wiens und der Christenheit. Im Mai 1683 zog die türkische Armee von Adrianopel nach Essegg. Mit einem Theil seiner 60.000 Mann schloß sich Tököly dem Heereszug des Großveziers an. In der letzten Woche des Juni kam das Heer in Stuhlweißenburg an.

Dort rieth Tököly dem Großvezier, vorerst den der Herrschaft des Kaisers, noch unterworfenen ganz kleinen Theil Ungarns, mit den Stützpunkten Preßburg, Raab und Komorn, zu erobern und dann nach Wien zu ziehen. Auch der Pascha von Ofen drang darauf, vorher die Festung Raab zu erobern. Der Großvezier ließ Anstalten zur Belagerung dieser Festung treffen, sandte aber 2 Heeresabtheilungen voraus. Die Eine, um den Oberkommandanten der kaiserlichen Armee, Herzog Karl IV. von Lothringen in seiner Stellung zwischen den Flüssen Rabnitz und Raab anzugreifen, die Andere aus 20.000 Tartaren bestehend, um mit den Schrecken einer barbarischen Kriegsführung die alte Ostmark, das Stammland der Monarchie, das arme Niederösterreich, heimzusuchen!

Und nun kamen unerhörte Bedrängnisse, schwerste Leiden, schreckenreichste Monate über Wien, über unser Land. Wohl dem Orte, der in dieser Zeit des Schreckens bloß mit dem Schrecken davon kam, der nicht geplündert, nicht verbrannt ward! Die Augen der civilisirten Welt ruhten gespannt auf Wien, voll bangster Erwartung der Dinge, die sich in und vor Wien ereignen werden. Unter den Herrschern dieser civilisirten Welt war einer, der wohl auch mit größter Spannung, wie der Kaiser in Passau und zuletzt im Schiffe am Fuße der Schloßruine zu Dürrenstein, den Verlauf der Ereignisse verfolgte, aber nicht mit der Theilnahme des **Freundes**, nicht mit dem Wunsche des **Freundes**, das christliche Wien möge über Heiden und Barbaren siegen, sondern mit der Erwartung des **Feindes**, Wien werde den Streichen erliegen, aus dem **Ruine** der Stadt und des **Staates**, aus Tod und Verderben Unzähliger, werden ihm **Ruhm** und **Macht-** und **Länderzuwachs** erblühen, der **Untergang** der **österreichischen** Macht werde seinem **Sohn** die deutsche Kaiserkrone bringen! Und dieser Eine, der so **unchristlich** dachte und handelte, war der **allerchristlichste** König auf dem Throne Frankreichs, war der mächtigste, herrschgewaltigste König seiner Zeit, Ludwig XIV.

Die Vorstufe zur französischen Universalmonarchie sollte die Zertrümmerung des Länderkomplexes des Kaisers sein. Wie schön, den Dauphin als römischen König mit Böhmen und Mähren 2c. ausgestattet zu sehen! Und Niederösterreich? Das hätte er vielleicht den Türken aller christlichst und allergnädigst zu überlassen geruht! Aber diesem Einem stand auch nur Einer am gewaltigsten entgegen — Kaiser Leopold I. Gegen die französische Niedertracht dieses Königs war dieser deutsche Kaiser und Habsburger mit solchem moralischen Abscheu erfüllt, daß er sich nicht einmal der Sprache jenes Landes bedienen mochte, von welchem so viel Unheil über Reich und Oesterreich kamen. Und damals huldigte Alles der französischen Sitte, Waare und Sprache! Aber er, welcher ein „Reichsfeind" war, bevor der deutsche Reichstag ihn offiziell vor aller Welt dafür endlich erklärte, er, welcher nach den echt deutschen Worten einer deutschen Kriegserklärung „Die Reichsstände gegen Ihre Kais. „Majestät und selbige gegen einander verhezet in die Reichsgeschäfte „sich eingemischet, die Rechte und das Ansehen der Reichskollegien „gekränket und dem Reich mit unerträglichem Hoch- und Uebermuth „mitten im Kriege Gesetze vorgeschrieben, mithin nichts unterlassen, was zur Beschimpfung und gänzlicher Unterdrückung deutscher Nation auch derselben Freiheit Zernichtung und Unterjochung so vieler treuen Reichsstände Länder und Lehen immer gereichen kann, — bevor ihm dies alles ins unverschämte Antlitz geschleudert ward, er wagte es doch nicht, mit den Waffen als Verbündeter der Türken aufzutreten. Das hätte denn doch die größtentheils „elenden, sittlich und geistig unfähigen" vielfach im Solde des Feindes stehenden, und dabei uneinigen deutschen Fürsten wenigstens gegen ihn — einig und alle seine länderräuberischen Pläne zu nichte gemacht. Und dieser König, „verderblicher für Deutschland als die — Pest" wurde in Deutschland — vergöttert, freilich für Geschenke, Jahrgelder, Schmeicheleien ꝛc. Ein „berühmter" Staatsrechtslehrer meinte gar in ihm den einzigen Helfer g e g e n   d i e   T ü r k e n zu erkennen! Da war der Kaiser deutscher als viele Deutsche und deutsche Fürsten, er erklärte, die Krone Frankreich sei nicht nur der Feind des Reichs, sondern der gesammten Christenheit ja nicht anders als der w a h r e   T ü r k e zu betrachten!

Ludwig durfte es wagen, den Deutschen zu erklären, er schließe Frieden und verzichte auf weitere — Reunionen — deutsch Räubereien — wenn der Kaiser die bisher in Scene gesetzten Beraubungen des deutschen Reichs, darunter die 10 Reichsstädte in Elsaß, Straßburg ꝛc. als rechtlich anerkenne. Und das war es, was der Kaiser seinem lieben Vetter Ludwig doch nicht bewilligen konnte, obgleich die Partei der Nachgiebigkeit im kurfürstlichem Collegium sogar die Mehrheit hatte." Unritterlich genug benützte die „Sonne" Frankreichs der „neue Karl der Große", „der Retter der deutschen und der ungarischen Freiheit", der „treueste Freund der deutschen Fürsten" gerade die Zeit der größten Bedrängnisse des Kaisers, die Zeit der Belagerung Wiens, um vom Kaiser die Annahme seiner oben genannten Friedensbedingung bis Ende August 1683 zu erhalten. Kaiser Leopold ließ ihn ohne Antwort. Wirklich begannen mit Ablauf der von ihm gesetzten Frist die — Reunionen; den Ingrim über den Entsatz Wiens ließ er am — Reiche aus. Die Enttäuschung war auch sehr bitter. Denn so wenig Sultan Mohamed IV. und sein Großvezier zweifelten, daß Wien unterliegen werde, ebenso wenig zweifelte Ludwig, daß den Waffen des Großveziers und Tökölys Deutschlands mächtigste Kraft — Oesterreich — erliegen werde. Aber der Franzose hat nicht gewußt oder vergessen, daß das deutsche Wien schon einmal mehr als 100,000 vor seinen Mauern lagernde Barbaren schlug und daß 1683 die Soldaten ihrer Vorgänger, die Bürger ihrer Ahnen vom Jahr 1529 sich werth zeigen werden!

Oesterreich blieb „Schild und Herz des Reichs", Wien blieb „aller Fürsten von Oesterreich Herz."

Onno Klopp's ungerechte Verdächtigungen der Wiener Bürgerschaft.

Im Berichte vom 27. August 1683 dankt Graf Starhemberg dem Herzog von Lothringen für die Zusicherung des baldigen Entsatzes. „Allein gnädigster Herr" heißt es darin, „die Zeit ist da, uns zu Hülfe zu kommen. Wir verlieren viele Leute und viele Offiziere, mehr durch die Ruhr als durch das Feuer der Feinde, denn täglich sterben an dieser Krankheit 60 Personen. Wir haben keine Granaten mehr, in denen unser bestes Vertheidigungsmittel bestand. Unsere Kanonen sind zum Theil durch den Feind ruinirt zum Theil zerborsten" ꝛc. In einer Nachschrift fügt er hinzu: „In diesem Augenblick melden mir meine Mineurs, daß sie die Feinde unter ihnen arbeiten hören, das heißt unter der Burgbastei, die Feinde müssen daher unter der Erde den Graben passirt haben. Demnach, gnädigster Herr, ist keine Zeit mehr zu verlieren." Starhemberg erwartet mit äußerster Ungeduld das Entsatzheer. Mit keiner Silbe wird in diesem sonst umständlichen Berichte darauf hingewiesen, daß die Gefahr auch durch Kundgebungen der Schwierigkeit, der Unbotmäßigkeit von Seite Einzelner oder gar der Bürgerschaft Wien gesteigert werde. —

Und Starhemberg, der das Gefährlichste wie z. B. den eintretenden Mangel der Granaten, den Ruin eines Theils der Kanonen ꝛc. berichtet, er soll ein ebenfalls sehr gewichtiges Motiv zur Beschleunigung des Entsatzes, eine bereits schwierig, unbotmäßig gewordene Bürgerschaft dem Herzog verschwiegen haben?

Graf Kaplier, der Vorsitzende des politischen Kollegiums, berichtet dem Herzog von Lothringen gleichzeitig im Wesentlichen dasselbe; er meldet, daß das Ravelin über einen oder zwei Tage nicht mehr zu behaupten sein wird — es ging auch bald verloren

— daß bei manchem Regiment nur mehr 2 Hauptleute seien, daß man mit den Bomben kaum 3 Tage noch auslangen werde ꝛc.

„Enfin," heißt es in einer Nachschrift, „die Gefahr ist größer als dem Papier zu vertrauen."

Kein unbefangener Leser wird bei der Lektüre dieser letzten Stelle nachdenklich innehalten. Aber Onno Klopp ruft dem Leser zu: halt, das sind geheimnißvolle Worte, sie bedeuten jedenfalls (!) eine besondere Gefahr, die Kapler nicht aussprechen will.

Geheimnißkrämerei erscheint mir in einem Bericht, der das Gefährlichste nicht verschweigt, höchst übel angebracht. Auf eine Gefahr hinzuweisen und sie zu verschweigen, erscheint unter solchen außerordentlichen Verhältnissen unpolitisch und unmilitärisch. Das Schreiben enthält 2 Nachschriften, erscheint mir also eilig verabfaßt; wer findet nun in der Eile stets den, dem Gedanken abäquaten Ausdruck? Diese Stelle kann auch besagen, daß Kapler nicht alle Details der höchsten Noth und Gefahr, welche das baldigste Erscheinen des Entsatzheeres bringendst nothwendig machen, ausführen will, sie kann auch bedeuten, daß die Gefahr größer erscheint, als sie dem Papier anzuvertrauen, das ist zu beschreiben ist. Und wenn schon etwas verschwiegen sein soll, so könnte es auch ein Umstand sein, welchen ein Militär nicht eben gerne verlautbart, nämlich die beginnende Unzufriedenheit oder Entmuthigung der Berufssoldaten wegen des so lange ausbleibenden Entsatzheeres.

Aber die einfachste und darum wahrste Erklärung dieser Stelle liegt wohl darin, daß weder auf ein Geheimniß, noch auf eine besondere Gefahr, am allerwenigsten auf eine Unbotmäßigkeit oder gar auf eine Kapitulationslust der Wiener Bürgerschaft, auf eine Entmuthigung der Besatzung hingewiesen werden soll.

Die Gefahr war hoch gestiegen; aber waren, frägt Klopp, auch alle in der Stadt befindlichen Männer willig, für die eigene Rettung das Ihrige zu thun? Angenommen, nicht alle Männer waren willig, das Ihrige für die eigene Rettung zu thun, rechtfertigt der Umstand, daß Einige nicht willig waren, Unwilligkeit Allen vorzuwerfen, den schlimmen Verdacht des bösen Willens auf die ganze Bürgerschaft zu schleudern? Rechtfertig die Nichtwilligkeit Einzelner gar den schweren Verdacht der Kapitulationslust? Wenn es unwillige Bürger gab, müssen diese innerhalb der bewaffneten Bürgerschaft aufgetreten sein? Es mag, als zur Zeit der höchsten Noth selbst von den Tapfersten, wie von Starhemberg selbst, die Hilfe sehnlichst herbeigefleht wurde, Männer gegeben haben, die nicht mehr so willig, so widerstandskräftig waren, wie anfänglich.

Namen werden nicht genannt. Ein solches Anzweifeln der Willigkeit der Bürger ohne Angabe von Personen und von diese Unwilligkeit unzweideutig bezeugenden Thatsachen — trägt wohl den Stempel der grundlosesten Verdächtigung.

Am 28. August ergeht die Mahnung, daß jene, die ihre Namen eingeschrieben, sich aber bisher zum wirklichen Dienst nicht gestellt haben, — dazu aufgefordert werden, widrigens sie „zum Fenster hinausgehängt werden." Es dürfte nicht leicht eine längerbauernde Belagerung oder gar eine mit Wiens Belagerung vergleichbare, gegeben haben, wo es nicht Entmuthigte, Widerstandsunfähige oder Unwillige gegeben haben wird.

Können solche Einzelne einen Makel auf die vom Anfang bis zum Ende der Belagerung erprobte bürgerliche Gesammtheit werfen? Gewiß nicht. Man sollte denken, schreibt Klopp, daß obige Drohung — die Widerspenstigen zum Fenster hinauszuhängen — durchschlagen mußte. Klopp bringt keinen Beweis bei, daß obige Verordnung nicht befolgt wurde. Er vermuthet bloß deßhalb diese Nichtbefolgnng, weil die Verordnung am 30. August erneuert wurde, mit dem neuen Zusatz der gleichen Drohung für jene Hausherren, welche die in ihrem Hause wohnenden, bisher verschwiegenen wehrbaren Männer nicht anzeigen würden.

Es liegt eine durchgängige Wiederholung der Verordnung nicht vor. Sie erscheint jetzt als eine Ausdehnung der Drohung auf die Hausherren. Wir haben eine Verordnung, die sich als eine Ergänzung der ersten darstellt und die deßwegen erschien, weil die erste unvollständig war. Republizirungen von Maßnahmen kommen ja schon in ruhigen Zeitläufen vor. Wie nothwendig aber erscheint eine Einschärfung einer Anordnung in einer solchen außerordentlichen Zeit! Oder soll man sofort, selbst bei einer halben, unvollständigen Maßregel, zum Mittel des „zum Fensterhinaushängens der Bürger" schreiten? Klopp geht noch weiter, er behauptet, daß selbst diese Wiederholung der Verordnung noch nichts gefruchtet zu haben scheint. Gewiß ist, daß Meldungen über zur Strafe gezogene Unwillige oder gar über zum Fenster hinausgehängte Wiener Bürger nicht vorliegen. —

Es mag ein begründeter Verdacht vorhanden gewesen sein, daß sich nicht Alle, die wehrkräftig waren, oder erscheinen sollten, zum Waffendienst gestellt haben.

Der Befehl also, Leute solcher Art aus ihrem Schlupfwinkel hervorzustöbern und seis in Güte, seis mit Gewalt — in eigene Kompagnien einzureihen war gar wohl begründet, unbegründet aber ist es, diesen Befehl als Zeichen einer unwillig, widerspenstig gewordenen Bürgerschaft auszulegen. —

Und wäre auch nur ein solcher widerhaariger Vaterlandsvertheidiger gestraft, oder mit wirklicher Gewaltanwendung eingereiht worden, wäre ein solcher Aufsehen erregender Fall nicht erwähnt worden? Wurden nicht 3 Kompagnien gebildet? Gesindel, Fremde mags gegeben haben, die sich dem Waffendienst entzogen, die mit mehr oder weniger Gewalt zur Dienstleistung herangezogen werden mußten, All dies bemakelt nicht die Bürgerschaft. — Und sollten so viele leuchtende Beispiele größten Helden- und Opfermuthes nicht erhebend auf Alle, selbst auf kleinmüthig gewordene Bürger, zurückgewirkt haben? Ja, sollen Einzelne gar den Muth gefunden haben, angesichts der ewig ruhmwürdigen Vertheidigung zerwühlter und zerschossener Bollwerke, Widersetzlichkeit gegen Vertheidigungs-Maßnahmen, Kapitulationslust zu zeigen? Nein. Als am 25. Juli, erzählt Klopp, die kaiserliche Artillerie Einbuße an Mannschaft erlitt, verlangte Starhemberg alle bürgerlichen Kanoniere auf die Bastien, aber es fanden sich nur 20 Mann ein.

Dies wird übel gedeutet. Es liegt keine Nachricht vor, daß es bei diesen 20 Kanonieren blieb, daß später, die Belagerung dauerte ja bis 12. September — nicht mehr, nicht Alle die ihnen zugewiesenen Plätze bezogen. Eine Ursache, warum anfänglich bloß 20 Mann auf den Basteien erschienen, ist nicht erzählt.

Als am 9. August Starhemberg begehrte, daß ihm von der Bürgerschaft täglich 1300 Mann gestellt werden müssen, ward diesem Begehren entsprochen, aber zugleich gebeten, die Bürger nicht auf die gefährlichsten Punkte zu stellen. Und Starhemberg war damit gern einverstanden. Wie wenn, als sich im Juli nur 20 stellten, die Ausgebliebenen vernommen hätten, daß man sie auf die gefährlichsten Posten stelle?

Man kann allen nicht geschulten Bürgern, Familienvätern, nicht immer dieselbe Disciplin, denselben Opfer- und Todesmuth zumuthen, wie erprobten Kernsoldaten.

Es wird angeführt, daß den bürgerlichen Konstablern neuerlich bei hoher Strafe befohlen wurde, auf ihren Posten bis zur Ablösung zu bleiben. Es kam vor, daß man eigenmächtig ausfiel oder über die Pallisaden auf feindliches Terrain eindrang, rc. Akte der Nichtdisciplin sind nicht Akte der Widersetzlichkeit, gleichzuachten. Es erschien also ein Befehl, alle Führer hätten sich einzig und allein nach den Befehlen des Oberkommandirenden zu richten und dieser Befehl war nicht einmal gegen die bürgerliche Mannschaft gerichtet, sondern gegen einige höhere Offiziere der Stadtmiliz, die auf eigene Faust zu operiren gedachten. — Es kommt nicht vor, daß diese Befehle von der Bürgerwehr nicht befolgt wurden. Nicht gerechtfertigt ist die Bemerkung Klopp's, daß die ungewohnte Disciplin den Wienern etwas schwer geworden zu sein scheint. Wenn die eiserne Disciplin unter solchen außerordentlichen Verhältnissen den Bürgern etwa schwer — also nicht einmal schwer — fiel, rechtfertigt dies eine hämisch, übel zu deutende Bemerkung? Gar manchem tapfersten Berufssoldaten dürfte die Disciplin in einer solchen Zeit des Kampfes auf Leben und Tod zu Zeiten „etwas schwer" gefallen sein.

Höchst ungerechtfertigt ist folgende Bemerkung Klopp's. Daß Starhemberg, schreibt er, sich zu solchen Schritten genöthigt sah, wirft nicht ein günstiges Licht auf die Fügsamkeit der Bürgermiliz unter eine militärische Leitung. Die 1. militärische Autorität behauptet nicht, daß sich die bürgerliche Miliz ihrer militärischen Leitung nicht gefügt hätte. Auch aus Dispositionen der militärischen Leitung läßt sich nicht auf diese Unfügsamkeit schließen. — Keine Klage militärischer Autoritäten kommt hierüber vor. Wo kommt ohne wiederhohlte Befehle, ohne Strenge militärische Schulung in eine unter so außergewöhnlichen Verhältnissen zu organisirende, in dem blutigsten Kampfe thätig eingreifende Bürgerwehr?

Anscheinend harmlos meint Klopp, aber es ergibt sich daraus nicht eine Differenz mit dem Stadtrath über das Princip. Wem fiele es auch nur im Traume ein, die militärische Leitung der Bürgerwehr zu bestreiten!

Nach dem Sturm vom 4. September auf die Burgbastei dagegen, schreibt Klopp, treten uns bedenkliche Anzeichen entgegen.

Am Morgen des 5. September forderte Starhemberg, daß 2 Rathsherren von Wien stets um ihn sein sollen, damit er sich mit ihnen über die Angelegenheiten der Stadt besprechen könne. Ein drittes Mitglied wurde dem Grafen Kaplier beigeordnet.

Hochverdächtig, meint Klopp. Er schreibt: dies hätten bis dahin die beiden Commandanten nicht verlangt: es mußte also etwas sich ereignet haben, was sie zu dieser Forderung bestimmte. — Wahrlich etwas Unverdächtigeres kann nicht ärger verdächtigt werden, als dieser Befehl! In einer Offenbach'schen Operette wäre eine solche Verdächtigung, eine solche Motivirung einer militärischen Anordnung, als grotesker Scherz am Platze.

Man vergegenwärtige sich die letzte Zeit des fürchterlichsten Bedrängnisses. Alles muß zusammenstehen, zusammenwirken, um ja noch mit Erfolg dem Feind Widerstand leisten zu können. Gewiß ists, das Entsatzheer kommt, — ungewiß ist nur der Tag des Eintreffens. „Mit vereinten Kräften" steht in dem Panier, über Allen, und für Alle. Alles muß zusammenstehen, zusammenhalten, um recht am rechten Ort und zur rechten Zeit zu handeln. Der Zweck dieser Anordnung ist aber auch ausdrücklich angegeben. Damit, heißt es, Starhemberg sich mit den 2 Rathsherren über die Angelegenheit der Stadt besprechen könne. Das einträchtigste Zusammenwirken der militärischen und bürgerlichen Kräfte erscheint dem Kommandanten nothwendiger als je. Jeder Augenblick kann eine fürchterliche Neuigkeit bringen. Die Zeit der höchsten Gefahr erheischt es, in jedem Augenblick einen Vertreter der Bürger, um sich, bei sich zu haben, für einen ununterbrochenen und sofortigen Verkehr mit der bewaffneten und unbewaffneten Bürgerschaft vorzusorgen.

Glaubt man, Starhemberg wird sich mit Bürgervertretern umgeben, um verdächtige Vorgänge, böswillige Anzettelungen auszuspioniren, niederzuhalten? Oder hält man für möglich, Starhemberg betrachte es als eine Angelegenheit der Stadt, sich mit den Rathsherren über die Unlust der Bürger, sich an der weiteren Vertheidigung zu betheiligen, oder über Kundgebungen des Uebergabswillens in einen Gedankenaustausch einen Disput einzulassen?.

Die offene, heldenhafte Feldherrnnatur hätte so etwas nicht als Angelegenheit der Stadt bezeichnet, über so etwas nicht mit den 2 Rathsherrn debattirt, für so etwas einen offeneren, bezeichnenderen Ausdruck zur Motivirung seiner Anordnung gefunden. Zu so etwas war in so tragisch ernster Zeit, bei so nahe bevorstehendem Entsatze nicht Zeit. Kein Gegenstand, keine Besprechung könnte zweckloser sein. Diese Anordnung beweise, sagt Klopp, daß Starhemberg der Bürgerschaft mißtraute. Mißtrauen gegen die Bürgerschaft bekundete diese Anordnung Starhembergs nicht. Mit viel mehr Grund läßt sich dagegen behaupten, die Berufung von 2 Rathsherren an die Seite des obersten Stadtkommandanten war ein Zeichen des Vertrauens, der Platz an der Seite des ruhmbedeckten Stadtvertheidigers war eine Vertrauensstellung, eine solche Stellung, die dem Vertrauen Starhembergs zu den bürgerlichen Rathsherren und den Bürgern thatsächlich Ausdruck gibt. —

Mit Treulosen, Kapitulationsverdächtigen umgibt man sich nicht.

Nach Klopp hat sich etwas besonderes ereignet, was Starhemberg zu dieser Forderung bestimmte.

Kein besonderes Ereigniß liegt erwiesen vor.

Nichts hat sich ereignet, als daß täglich die Gefahr und mit ihr die Sehnsucht des Soldaten wie des Bürgers nach dem Entsatzheer stieg, daß das Auf- und Zusammenraffen aller Kräfte als unbedingtes Gebot der Selbsterhaltung für Alle lebhafter als je hervortrat.

Nun kommt die Hauptsache.

Indessen schreibt Klopp, saß ein treuer Mann — vielleicht im Gegensatze zu den ungetreuen Bürgern? — im Türkenlager, der kaiserliche Resident Kunitz in seinem Zelt auf der Laimgrube, — heut Mariahilfer Straße.

Kunitz meldet dem Kommandanten: „Heute ist der Diener eines armenischen Arztes mit einem Paquet Briefe aus der Stadt gekommen. Er ist sogleich zum Großvezier gebracht worden und hat im Verhör ausgesagt, daß der Kommandant von Wien nicht mehr als 5000 Soldaten noch zur Verfügung habe und der Hülfe höchstbedürfe. Es herrscht eine große Zwietracht zwischen den Bürgern und dem Militär, so daß, wenn die Türken mit dem Sturm besser angehalten hätten, vielleicht sich die Bürgerschaft zur Uebergabe der Festung hätte resolvieren dürfen. Dies hat den Großvezier so animirt, daß er von 6 Uhr Abends an die ganze Nacht her mit Kanonieren und Stürmen kontinuiren lassen."

Also Leute ohne Namen, Leute von problematischer Existenz und Provenienz, ein namenloser Diener eines namenlosen armenischen Arztes, Fremdlinge, — werden von Klopp gegen die gesammte Bürgerschaft, gegen das Volk in Waffen, als Verdächtigungsmittel in's Treffen geführt!

Kunitz war eifrig, that was er konnte und sollte, er berichtet über Alles, was ihm zu Gehör kommt, hätte er Namen oder Näheres über diese armenische Botschaft von der angeblichen Zwietracht zwischen Bürger und Militär über die Kapitulationsgeneigtheit der Bürgerschaft erfahren, er würde dies nicht verschwiegen haben. —

Feigius erzählt, ein aus Wien an den Herzog von Lothringen geschickter, aber gefangener Bote hätte ausgesagt, daß der Kommandant nicht mehr als 5000 Mann hätte, daß zwischer der Bürgerschaft und der Miliz eine solche Zwietracht wäre, daß wenn der Feind mit Stürmen länger angehalten hätte, die Bürger sich zweifelsohne zur Uebergabe würden bequemt haben. Feigius hat die Belagerung mitgemacht; aber ihm fällt nicht ein, auf Grund solchen abgeschmackten Zeugs die Ehre der Bürgerschaft bemakeln zu wollen. —

Der Großvezir verschmähte kein Mittel, welches ihn zum

Ziele führen könnte. Armenischer Arzt und Diener können von ihm fingirt sein, um die Janitschaaren zum Sturm, zur Ausdauer im Sturm zu vermögen. Hätten die Türken im Sturm besser angehalten so wären sie nach der armenischen Botschaft „vielleicht", nach der Botschaft des Feiglus zweifelsohne am Ziel. Dieses armenische vielleicht klingt wie ein Vorwurf gegen die im Sturm nicht anhaltenden, bekanntlich unwillig gewordenen Janitscharen. — Es kommt vor, daß aufgefangene Türken in Wien Ungünstiges über die Belagerer berichtet haben, aber auch aufgefangene Christen werden im Türkenlager mit Unwahrheiten dem Ohren der Türken geschmeichelt und sich genützt haben. Derlei Nachrichten können dem Großvezier das Materiale zur Verbreitung von Lügen, um den Muth der Janitscharen zu heben, gegeben haben. —

Eine allfällige Meinungsdifferenz zwischen Militär und Bürger ist noch keine Zwietracht, und auch eine Zwietracht muß nicht dauernd sein und beweist nichts, so lange wir nicht die Ursache dieser Zwietracht wissen. —

Wahrlich, an den anhaltendsten Stürmen hat es nicht gefehlt, aber zu einer Uebergabe, oder auch nur zu einer Kundgebung des Willens hiezu, hat sich die Bürgerschaft nicht „resolvirt."

Kuniz bittet, der Allerhöchste wolle der Festung beistehen und die christlichen Gemüther vereinigen, daß sie den Feind zurücktreiben mögen.

Bar jeglicher Folgerichtigkeit urtheilt Klopp, daß diese Bitte um Eintracht für Starhemberg gleichbedeutend war auf seiner Hut zu sein.

Also sogar eine Bitte um Eintracht, ein Herbeiflehen des baldigsten Entsatzes gibt Stoff zu einer Verdächtigung.

Und an diese, der Diktion wie dem Inhalt nach, unglaubwürdige armenische Botschaft knüpft Klopp die grandiöse Folgerung: in diesem Falle hätte das Mißtrauen von Starhemberg und Kaplier gegen den Gemeinderath von Wien eine Bestätigung erhalten.

Diese Botschaft soll aufklären, warum Starhemberg mit zwei Rathsherren, Kaplier mit Einem sich umgab. Klopp gibt aber zu, daß es schwer zu entscheiden sein dürfte, ob oder in wie weit der Gemeinderath von Wien bei jener Sendung am 5. September an K. Mustapha betheiligt war. Vom Gemeinderath ist mit keinem Sterbenswörtchen in einer Botschaft die Rede. Wie willkührlich, den Gemeinderath hineinzuziehen! Nicht schwer, sondern leicht ist es zu entscheiden, daß der Gemeinderath an dieser armenischen Botschaft nicht betheiligt ist. Es ist nur schade, daß Klopp nicht auch behauptet: es dürfte schwer zu entscheiden sein, ob nicht auch der Bürgermeister Liebenberg an der famosen Botschaft an K. Mustapha betheiligt ist.

Vielleicht ist Liebenberg gar aus Kränkung über das Mißlingen des Zweckes dieser armenischen Sendung gestorben.

Jedenfalls schreibt Klopp, gewährte das Verhalten der Bürgerschaft dem Kommandanten kein Vertrauen. Ich möchte sagen, jedenfalls sind diese Behauptungen Klopps leichtfertig. Wo keine Verdachtsgründe vorliegen, enthalte man sich jeden verdächtigenden Geträtsches.

Klopp schreibt weiter:

Ein Zeitgenosse zeichnet diesen Stand der Dinge mit folgenden Worten. Zu dem Zweifel, ob die Kräfte der Soldaten ausreichen würden, kam für Starhemberg noch der Verdacht gegen die Gesinnung der Bürger, welche ihm mit erregten Reden oder drohendem Schweigen die Thorheit eines längeren Widerstandes vorwarfen." Hier wäre einmal ausdrücklich von einem Verdacht Starhembergs gegen die Gesinnung der Bürger und von der Ursache dieses Verdachtes die Rede. — Es ist begreiflich, daß Starhemberg die Gesinnung der Bürgerschaft nicht außer Acht ließ; Starhembergs Aufgabe war eine zu große, zu verantwortungsvolle, um selbst nicht eine unliebsame Eventualität, wie z. B. eine Kundgebung der Verzweiflung, des Kapitulationswillens — bei seinen Vertheidigungsmaßregeln in Rechnung zu ziehen. —

Von Starhemberg selbst liegt eine Aeußerung, daß die Bürgerschaft ihm die Thorheit eines längeren Widerstandes vorwerfe, — nicht vor. Auch keine That, keine Vertheidigungsdisposition Starhembergs läßt sich so auslegen. —

Wie von Seite des so offenen, so strengen Starhemberg, so liegt auch von Seite der zu einem solchen Ausspruch zumeist und zunächst Berufenen, den Mitgliedern des militärischen und politischen Regierungskollegiums, keine solche Verdachtsäußerung gegen die Bürgerschaft vor.—

Welche Reden sind denn gefallen? Waren es wirklich Reden gegen die Fortsetzung des bewaffneten Widerstandes? Nur von Reden, nicht von Handlungen der Bürger wird hier — geredet. — Sogar das Schweigen der Bürger soll bedrohlich gewesen sein! Was Einzelne reden oder verschweigen, kann doch nicht der Gesammtheit zur Last gelegt werden!

Von wem wird der Verdacht ausgesprochen? Von einem Italiener, von einem, der gesteht, daß er nachschreibe. —

Derselbe Italiener erzählt, daß eines Tages die Bürger die Stadt für erstürmt, für völlig zu Grunde gerichtet hielten, daß es überall Jammer, Trümmer und Leichen gab, daß ihnen das Schicksal der mit Sturm genommenen Stadt drohend vor Augen schwebte. Wenn nun während solcher Schreckensscenen in der Aufregung des Augenblickes erregte Reden fielen, drohendes Schweigen sich zeigte — darf dieses Verzweifeln am Erfolg jedes weiteren Widerstandes Wunder nehmen? Die Aufregung des Augenblickes wird vorübergegangen, die Furcht, die Stadt sei bereits erstürmt und zu Grunde gerichtet,— verschwunden sein. Keine Drohung mit der Uebergabe, kein Anrathen derselben, kein theilweises Aufgeben der Vertheidigung liegt vor. Keinerlei aufgeregte Rede oder gar „drohendes Schweigen" hat die Fortsetzung des großartigsten Widerstandes beirrt.

Die Zahl der Soldaten war nahezu um die Hälfte verringert, man bedurfte der bewaffneten Bürgerschaft und sie harrte thatsächlich bis zum letzten Augenblick aus. Man muß sich sehr hüten, erregte Reden Einzelner auf die ganze Bürgerschaft auszudehnen.

Kopp schreibt: In jedem Fall war schon die kundbare Verdrossenheit zur weiteren Gegenwehr in der Einwohnerschaft von Wien ein Simtom, das Besorgniß erregen mußte. Wie der ausgezeichnete Forscher Albert Camesina schreibt, finden sich fährlässige Leute überall unter einer größeren Zahl von Menschen. Auch verdrossene Leute werden unter diesen Fahrlässigen sein. Auch waren viele Nichteinheimische in Wien, denen an dem Schicksale der Stadt wenig gelegen sein mochte. Die Anstrengungen, die Entbehrungen Wiens waren übermenschliche. Die Widerstandskraft hat ihre Gränze. Alle werden nicht wie Starhemberg betheuert haben, sich bis auf den letzten Blutstropfen zu wehren, sich eher in Stücke hauen zu lassen, als sich gefangen zu geben. Angenommen, der Präsident des polit. Regierungs-Collegiums bezweifelte die Zuverlässigkeit der Bürger, genügt der Zweifel des Kapler zur Herstellung des Beweises, daß wirklich ein Grund zum Zweifel vorlag? Konnte nicht Starhembergs Charakter unbegründeten Anlaß zur Verdrossenheit gegeben haben? Er duldete keinen Widerspruch. Mit Recht. Befohlen mußte werden, strenge und schnell. Für Sitzungen und Zweifelausbrütungen gabs keine Zeit, — es mußte mit Waffen, nicht mit Worten gestritten werden. Der Maßstab des Gewöhnlichen paßt nicht für eine außergewöhnliche Zeit.

Zur Zeit der höchsten Gefahr hielt Starhemberg an die Soldaten folgende Anrede. Sie ist ein Muster einer Rede eines obersten

Befehlshabers an seine Soldaten. Ich reprobuziere diese markige, herrliche Ansprache, damit der gütige Leser daraus ersehe, an welche erhabene große Gedanken die losen Fäden des kleinlichsten, unmuth=willigsten Verdachts genestelt werden.

Eine größere Verletzung der Pflicht eines Historikers kann ich mir nicht leicht vorstellen. —

„Ihr Brüder und auserwählte Soldaten, durch deren Fall die Freiheit Europas auch zugleich erliegen muß, waffnet eure Her=zen wider die grausamen Barbaren und zeigt Ihnen, daß eure ge=ringe Anzahl von Gott würdig erachtet worden, die Christenheit wider die Ungläubigen zu vertheidigen. Wie? Wollet ihr den Tod eurer so tapferen Mitbrüder, denen die Rache noch aus den gebro=chenen Augen herausschaut, (tief bewegend) noch länger ungerochen sein lassen? Lasset vielmehr alles durch die Schärfe eurer Schwerter fallen und nachdem die Mauern, die Euern Leibern zum Schutze dienen sollten, so jämmerlich gefällt sind, so bemüht euch durch das Niederschlagen der Feinde die Haufen ihrer Leichen zur Brustwehr zu machen. Ihr könnt in keinem Kriege noch größeren Lohn und höhere Ehre erwerben und davon tragen.

Wenn nach des großen Cäsar Meinung uns nicht vergönnt ist, unser Blut zu verschwenden, weil dasselbe nur zum Dienst des Vaterlands rühmlich aufgeopfert werden soll, so lasset uns für die Ehre und die Wohlfahrt desselben solches desto beherzter auf=setzen. Alsdann werden die Barbaren selbst euch, wenn Ihr also auf dem Bett der Ehre den Tod findet, rühmlich nachreden und eure Häupter mit Ehrenpreis bekränzen. Allein bereits haben wir obgesiegt, tapfere Soldaten! Der in der Ferne dick aufsteigende Staub verkündigt uns schon den Anmarsch des Königs von Polen mit seiner tapferen Armee, unseres großen Trostes und Erretters! Es kommt derjenige auf dessen Ankunft wir bisher so sehnlich gewartet, der so Gott will, an diesem asiatischen Völkern den Schimpf, den unsere Festung bisher erlitten, mit seinem Heldenarm rächen und für die bisher erduldete Schmach und Gewalt nach unserm Ver=langen uns Vergeltung verschaffen wird."

Und nun lese man, was Klopp über diese Rede schreibt.

Sie, schreibt er, enthielt indirekt die Ankündigung (um Him=melwillen wo?) daß er jedem Versuche, eine Kapitulation zu er=langen, mit allem Nachdruck entgegen treten werde. Als ich dieß las, traute ich kaum meinen Augen. Diese prächtige Blüte kriege=rischer Redegewalt hat also eine solche, böse, giftige Frucht in Klopps Busen gezeitigt? Ich las die Rede mehrmals, schrieb sie ab, und noch immer staune ich und bedaure ich, daß ein Mensch, eines solchen Irrthums fähig ist.

In dieser so klar und hell wie der sonnigste Sommertag strahlenden Rede findet Klopp die dunkelsten Schatten der schmählichsten Gesinnung einer ihrer deutscher Ahnen des Jahres 1529 wahrhaft würdigen Bürgerschaft!

Klopp wagt zu schreiben: Das Mißtrauen Starhembergs gegen den Stadtrath insgesammt blieb bis zur letzten Stunde. Das Verhältniß legt sich uns dar in den Worten des Polenkönigs Johann Sobieski nach seinem Besuch in der befreiten Stadt am 13. Septbr.

Sobieski schreibt an seine Frau: Ich sehe, daß Starhemberg mit dem Gemeinderath in schlechtem Einvernehmen steht. Er hat mir bei meinem Einzug auch nicht Ein Mitglied der städtischen Verwaltung vorgestellt. Nicht Alles was Sobieski an seine Frau schreibt — und er schrieb ihr viel — entspricht der Wirklichkeit. Aus brieflichem Klatsche läßt sich oft schwer die Wahrheit ausscheiden.

Die Fassung des Briefes läßt die Annahme zu, daß Sobieski sein Urtheil darauf basire, weil ihm beim Einzug kein Mitglied der städt. Verwaltung vorgestellt wurde. Aus diesem Nichtvorgestelltwerden läßt sich das schlechte Einvernehmen nicht nothwendig schließen. Sobieski heimste gerne Ehrenbezeugungen heim. Er spricht von seinem Einzug. Er wars, der zuerst in Wien einzog, obgleich Kaiser Leopold der Erste sein wollte, der in die Stadt einzieht. — Die beiden Churfürsten und der Herzog von Lothringen schloßen sich Sobieski beim Einzug deßhalb nicht an. —

Sobieski rühmte sich, der große Gott habe i h m nach 8stündigem Gefecht — die Polen kämpften aber von 2—6 Uhr — herrlichen Sieg verliehen, i h m seis gelungen die bereits im Todeskampf liegende Stadt zu entsetzen 2c. — Ruhmredig und unwahr.

Am Tag nach der Schlacht, — zumal Sobieski früh einzog, hatten die Vertheidiger Wiens viel und zweifelsohne Wichtigeres zu thun, als dem fremden Potentaten jene Bürger, die sich vor Allen verdient machten, vorzustellen. Starhemberg kann doch unmöglich Alles zugleich, Alles an dem Einen Vormittag oder Tag thun; ihm dürfte als bringendste Arbeit, als erste, wichtigste Ehrenschuld nicht erschienen sein, die Bürger dem Sobieski vorzustellen. Die Stellung des Bürgerthums im Staatswesen war damals nicht eine solche, um vor allem auf ihre Vertreter zu denken. —

Uebrigens liegen Meldungen vor, daß später Vorstellungen und Auszeichnungen der Bürger stattgefunden haben. —

Derartige Thatsachen, schreibt Klopp, ergeben, daß Starhemberg und Kaplier dem Gemeinderath mißtrauten, setzt aber großmüthig hinzu, daß sie nicht ausreichen zum positiven Beweis, daß der Gemeinderath bei K. Mustapha um eine Kapitulation Schritte (!) gethan hat. Lächerlich zu glauben, diesen Zusatz noch machen zu müssen. —

Hätte sich, schreibt mit tacitéischer Einfachheit und Größe des Stils Klopp, der Gemeinderath bei der Sendung des armenischen Boten wirklich betheiligt, so stand es in der Hand Starhembergs Sorge zu tragen, daß eine 2. Sendung K. Mustapha nicht wieder möglich war. Daß, wenn es dem Gemeinderath um eine 2. Sendung zu thun war, dies Starhemberg unmöglich machen konnte, ist auch nicht außer Zweifel. Die armenische Botschaft, schreibt Klopp, stellte dem K. Mustapha das Angebot der Kapitulation in Aussicht. K. Mustapha hoffte auf dieses Angebot, weil er es wünschte. Das Angebot der Kapitulation kam nicht — nach Klopp. — Gottlob, einmal eine Thatsache, die sich nicht verdächtigen läßt. — Doch ja, vielleicht hat dieses Angebot Starhemberg unmöglich gemacht! K. Mustapha, wird geschrieben, unternahm deßwegen keinen Generalsturm, weil er das Angebot der Kapitulation erwartete. Also K. M. wartet auf etwas, das Starhemberg unmöglich machen konnte, und was Starhemberg unmöglich machen konnte weiß Klopp, nicht aber Mustapha! — Hat K. Mustapha auf das Angebot der Kapitulation so lange gewartet, bis das Entsatzheer kam, so war er ein sehr großer Einfaltspinsel.

Ein Venetianer meint, daß der Großvezier es in seiner Hand hatte, einen Generalsturm anzuordnen und die Stadt mit stürmender Hand zu nehmen. Ein anderer Venetianer schreibt, jedermann (!) hält es für gewiß, daß K. Mustapha die Stadt nicht hat mit Sturm nehmen wollen, in der Hoffnung, daß im Falle der Uebergabe durch Akkord die gesammte Beute, — die in jenem Falle (wenn gestürmt würde) den Soldaten anheim fallen mußte, — seiner unersättlichen Habgier verbleiben würde. —

Es widerstrebt der Feder, bei derlei Kindermärchen zu verweilen.

Daß K. Mustapha eine Stadt, die er bis zum Augenblick des Entsatzes „umb und umb mit seinen wütt= und tobenden Heerschaaren eingeschränket und ihme mit schießen, miniren, graben und stürmen allermaßen zugesetzt" — dann nicht mit stürmender Hand nimmt, wenn er sie nehmen kann, — ist abgeschmacktes Zeug. Die Janitschaaren dürften die Ansicht, daß es nur in der Hand ihres

Großveziers lag, die Stadt zu erstürmen, — gewiß nicht gehabt haben. Schade, daß der Entsatz eher als das Angebot der Uebergabe, als der — Generalsturm kam, — nicht Schade, daß C. Mustapha — statt der Stadt Wien — in Belgrad die seidene Schnur bekam. Armer K. Mustapha, wie leicht dir die 2 Venetianer und mit ihnen Klopp die Eroberung der Stadt gemacht hätten, — du hast aber nicht gewollt! —

Feigius schreibt, daß von „Ihro Majestät anerkannt worden ist, daß ein löbl. Innerer Stadtrath sammt der Bürgerschaft zur Erhaltung der Stadt Wien Gut und Blut aufzusetzen, das geringste nicht erwinden lassen, auch von Anfang bis zum Ende der grausamen Belagerung mit Aufziehen und Arbeiten mit Hergeb-, Verfertig- und Beschaffung sowohl in allerhand Defensions- als Unterhaltungs-Mitteln dem H. Komandanten willig, einhellig und jeder Zeit bereit nach aller Möglichkeit an die Hand gegangen. Ihre kais. Majestät ist allergnädigst bewogen worden: Wegen obgemeldeter, treugeleisteter Dienste, große Sorge und Mühewaltung ec. Feigius schreibt, daß der Großvezier an Ihro Excellenz dem Kommandanten Starhemberg, allen andern hohen und niederen Kriegsbefehlshabern, der ganzen damals als inliegenden Miliz und allen Inwohnern, welche in Wehr und Waffen aufgezogen, einen ganz ungemeinen Widerstand gefunden.

In einer Denkmünze heißt es, daß durch den einmüthigen Gehorsam der Akademie, des Stadtmagistrats, der Bürger und Inwohner der Feind besiegt worden ist.

Die Geschichtsschreiber ermangelten nicht, dies ebenfalls auszusprechen. Ein ausgezeichneter Geschichtsschreiber z. B. der Neuzeit schreibt: Mit wahrem Heldenmuthe vertheidigte sich aber die Besatzung und die Bürgerschaft. Ein wackerer, sehr berühmter Geschichtsschreiber schreibt: Die Bürger von Wien retteten damals durch einen Muth und eine Ausdauer, welche ganz Europa bewunderte, die vom Kaiser verlassene Stadt.

Kein Geschichtsschreiber hat bisher, wie Klopp, die Bürgerschaft Wiens verdächtigt.

Wie zur Zeit Ferdinands I. 1529, zur Zeit der 1. Türkenbelagerung, so war auch zur Zeit der 2. Belagerung durch die Türken, zur Zeit Leopold I. Wien „das diamantene Herz und Brustschild der Christenheit wider die ottomanische Porten" — ein Bollwerk des Abendlandes und seiner Civilisation. —

Beide Male wurde unter den Mauern von Wien, unter Beihülfe der deutschen Bürgerschaft das Schicksal des Reiches entschieden.

— Aus der Ostmark ward eine große Monarchie: Oesterreich. Die gemeinsame Gefahr der Völker und das vor und in Wien vergossene Blut waren ein mächtiges Mittel, sie an ein mächtiges Centrum — an Wien zu binden. —

Die Belagerung Wiens ward weltberühmt und rief alle Sympathien Deutschlands und Europas für die Ostmark, für Oesterreich wach. Auch diese Sympathien waren wie das vergossene Blut, ein bestes Bindemittel im einigendem, an Wien anknüpfendem Bande. —

Die Thaten der Berufssoldaten wurden sofort anerkannt und belohnt. Mit dem heiligsten Recht. — In heldenmüthigster, ruhmwürdigster Weise haben sie Leib und Leben im steten Kampfe gewagt und geopfert. —

Die Namen jener Männer und Führer, die da fielen, sollen uns immer Achtung und Bewunderung einflößen. —

Der Lohn der Bürgerschaft für ihre Betheiligung am Kampfe gegen einen barbarischen Feind durch nahezu 2 Monate bestand in der Anerkennung des Kaisers, in einer bescheidenen Auszeichnung einer Anzahl Bürger. —

Der Lohn, den ihr Klopp gibt, das Geschenk das ihr Klopp als Festgabe zur Erinnerung an die Belagerung vor 200 Jahren darbringt, — besteht in einem zweibändigen Werke, worin die seichtesten, unbegründetsten Verdächtigungen des Wirkens der Ahnen der jetzigen Bürgerschaft vorkommen.

Ich will nicht mit einem Mißton, einer Dissonanz schließen. Im Juli 1683 erschienen bloß 20 bürgerliche Kanoniere auf den Basteien. Den bürgerlichen Konstablern ward neuerdings bei hoher Strafe befohlen, auf ihren Posten bis zur Ablösung zu bleiben.

Diese Umstände werden von Klopp zu Ungunsten der Bürgerschaft ausgelegt.

Nun erhielten aber die bürgerlichen Büchsenmeister (Artilleristen) folgendes Zeugniß:

Ich Ernst Rüdiger, des Heiligen Römischen Reichs Graf und Herr von Starhemberg ꝛc. bekenne hiermit, daß die sämtliche Kompagnie der bürgerlichen Büchsenmeister und Kunst-Stäbel in Wien die ganze türkische Belagerung hiedurch auf allen Bollwerken, Kurtinen, Ravelinen bei den Stücken sich willigst eingefunden, damit Tag und Nacht dem Feind des christlichen Namens stattlichen Widerstand gethan und sich also gebrauchen lassen, daß deren Viele die ganze Belagerung ununterbrochen auf ihren ihnen unbefohlenen Posten unabgelöst verblieben und ihre Tapferkeit dergestalt erwiesen, daß ich an ihrem „verrichtem Fleiß und Eifer ein Satsambes contento gehabt habe." —

Wer wagt es, die **Wahrheit** dieses Zeugnisses, die Worte eines Starhemberg, des größten **Vertheidigers Wiens**, zu bezweifeln?

Ich denke: **Niemand**, — auch nicht einmal Herr Onno Klopp.

Vom 7. Juli bis Ende Juli 1683.

Zu einem der bewegtesten, schrecklichsten Tage gehörte unstreitig der 7. Juli 1683, der Tag der Abreise des Kaisers Leopold I. von Wien. Der Lässigkeit und zweifelhaften Ruhe der vorhergegangenen Tage folgten an diesem Tage mit einemmale, wie ein urplötzlich daherbrausender Orkan, die größte Aufregung und Unruhe. In nicht gerechtfertigter Hoffnungsseligkeit, daß es nicht auf das Aeußerste, nicht auf die sofortige Belagerung Wiens kommen werde lebten Minister und Staatsmänner.

Als die Kaiserin Maria Eleonore, Witwe Kaiser Ferdinand III. Favoriten verließ, ward dies übel aufgenommen.

Man wollte eine Furcht nicht aufkommen lassen. — Wer darf es, wenn in maßgebenden Kreisen so gedacht wurde, der Bevölkerung verargen, wenn sie in der süßen Gewohnheit eines lebensfrohen Daseins fortfuhr, nicht an den ganzen, grauenvollen Ernst der Lage zu glauben, zu denken?

Stand nicht das kaiserliche Heer unter dem genialen Heerführer Herzog Karl V. von Lothringen kampfbereit in Ungarn? Mußten nicht zuvor Raab und Komorn von den Türken genommen werden? —

Plötzlich verbreitete sich die Nachricht, daß die kaiserliche Cavallerie unter Lothringen sich vor dem Türkenheere gegen Wien zurückziehe. —

Ja es war in Raab selbst erst am 5. Juli offenkundig, daß der Angriff nicht Raab gelte, daß der Großvezier geraden Wegs nach — Wien aufbreche.

Und nun gerieth Alles in die entsetzenerregendste Aufregung. Einstimmig riethen nun die Minister dem Kaiser zur Abreise. — Diese Abreise war eine Flucht. — Sie war auf dem kürzesten Weg zum Reiseziel — nach Linz -- auf dem rechten Donau-Ufer nicht mehr möglich. An Einem Tage hätte ein Tartar auf seinem flinken Rosse eine Entfernung erreicht, welche der Kaiser mit all' seinen

Wägen erst in 4 Tagen zurücklegen konnte. Sie war nicht mehr möglich, denn schon schwärmten die Tartaren, schnell wie ihre Pfeile, — bis zum Kahlenberg. Unvorbereitet flüchteten Abends 8 Uhr Kaiser, Kaiserin, Prinzen, Prinzessinen, Kaiserin Witwe Maria Eleonore und der Hofstaat, begleitet von 200 Mann der „Stadtguardia" auf dem linken Donauufer nach Korneuburg. Ich bemerke, daß am nächsten Tag die Weiterreise nach Krems und von da auf der Donau nach Linz erfolgte. Später hielt man auch Linz nicht für sicher — fort gings also nach Passau. Da blieb er.

Wien war ohne Besatzung, außer der Stadtguardia waren bloß 1000 Mann vom Regiment Kaiserstein vorhanden.

Wie unter das Volk die Kunde kam, daß „Ihro Majestät sammt dero Hofstaat sich von bannen machen wollten entstand bei Hoch und Nieder ein unbeschreiblicher Jammer, dann alle Gassen waren in einer halben Stunde mit Leuten und Wägen voll angefüllt und wußte fast Niemand kein anderes Lied als von lauter Weh und Ach anzutönen."

Es schien als wäre wie ohne Sonne kein Tag, so ohne des Kaisers Gegenwart kein Leben möglich, es schien als hätten Alle Kopf und Herz verloren. So ein Augenzeuge.

„Viele wollten fort und wußten nicht wohin, Ihrer viele wollten aufpacken und wußten aus Schrecken und Bestürzung nicht was sie zum ersten ergreifen sollten, viele hätten gern aufgepackt konnten aber keine Wägen bekommen. Was nur an Schiffen, Karren, Wägen, Pferden, was nur von Knechten, Dienern und anderen Lumpen sonst mit geachteten Gesindel und allerley nichtsnutzigen Rossen und Trossen, ja Spitzbuben, was nur vor Zug- und Bagage-Pferden vor 10faches Gelt in der Eyl aufzutreiben wäre, das ward alles gemiethet und aufgebingt umb jeden die Flucht zu facilitiren." (erleichtern).

Dem kaiserlichen Hofstaat folgte auf der Schlagbrücke — aus der Stadt in die Leopoldstadt — hinterbrein Wagen an Wagen durch volle 6 Stunden. „Weibsbilder, welchen eben erst weder die „Mahlerei am Wagen noch die Farbe der Pferde" noch der Aufputz der Kutscher" gefiel sind gar sehr zufrieden damit gewesen auf einem Leiter-, Koth oder Mistwagen weggeführt zu werden. „Man ist auch mit alten einaugigen Schindmähren, deren Rücken anstatt der schönen Haare mit garstigen und wilden Rauden und Grinden überzogen waren, vergnüget gewesen."

„Wohlhabende Matronen und Mütter ließen Haus, Hoff, und schöntapezirte Zimmer, die Wein im Keller, die Trayber aufm Bo-

ben und in Summa alles und jedes im Stich." Viele überluden
diese Wägen, daß Räder brachen, oder „zu Scheitern fielen." „Da
stunden Sie dann und wüsten ihres Leybs keinen Rath, wahren
darzu in Gefahr, augenblicklich vom Feind oder von unsere eigenen
Leuthen überfallen, geplündert oder gar todtgeschlagen zu werden.
Man sagt, es seien diese wenig Täg mehr als 60.000 Leuth von
Wien weggeflohen."

In nicht gerechtfertigter Vertrauensduselei war zur Vertheidigung Wiens gegen eine der größten und fürchterlichsten Belage-
rungen, die es gab, nichts geschehen, wenigstens nicht so viel, als
dem schrecklichsten Ernst, der nächsten Nähe der schrecklichsten Gefahr
auch nur entfernt aussprach. —

Die Festungswerke waren in einem sehr vernachlässigten Zustand. Vertheidigungswerke mußten ausgebessert, verstärkt oder ganz
neu hergestellt werden. Der Stadtgraben war nicht vollständig aus-
gehoben. Die Kontrescarpen — die äußeren Grabenböschungen —
vor den Gräben gelegene äußerste Fortifikationswerke, — waren
nicht vorhanden, Pallisaden waren nicht gesetzt, ja sie fehlten sogar.
Auch Schanzkörbe, Faschinen mangelten.

Der Kaiser hatte vor seiner Flucht aus Wien Couriere um
schleunigen „Succurs" an die Stände des fränkischen Kreises, und
an den Churfürsten von Bayern gesendet, er hatte den Grafen Ernst
Rüdinger von Starhemberg zum Stadtkommandanten, den Grafen Caspar Zbenko von Kaplier zum Vorsitzenden des, Regie-
rungsgeschäfte besorgenden geheimen Deputirten-Kollegiums ernannt.

Neue Schrecken stürmten auf die Wiener Bevölkerung orkan-
artig ein, stark genug um die Ruhigsten zu beunruhigen, die Stärk-
sten zu bewegen.

Die Armee ist geschlagen! Die Armee ist aufgelöst! Ja, —
der Herzog — Lothringen sogar ist gefallen! Solche Schreckensnachrichten gingen von Mund zu Mund, ein Jammer erscholl, als
wäre der Türke schon in Wien. Massenhaft strömten Flüchtende vom
Lande in die Stadt, aber in der Stadt schien es, „als wenn ganz
Wien von Wien sich flüchten wollte." Fuhrleute von der Bagage
des geschlagenen Herzogs kamen auf der Flucht vor dem Feinde in
die Stadt. Diese Schreckensnachricht war nicht wahr. Man wußte
nicht, daß der Großvezier erst in 6 Tagen vor Wien eintreffen
könne. —

Nachts traf ein Courier des Herzogs v. Lothringen beim
Kaiser in Korneuburg ein. Lothringen ließ durch ihn melden, daß
auf dem Marsch gegen Wien die Reiter zunächst der Bagage plötz-

lich zwischen Petronell und Elend von Tartaren, Türken und Ungarn überfallen wurden, daß bloß ein panischer Schrecken die Reiter ergriff, daß aber kein nennenswerther Kampf stattfand sondern bald die Ordnung hergestellt wurde. Die ruhig des Weges ziehenden kaiserlichen Reiter wurden urplötzlich aus einem Hinterhalt mit wildem Allahgeschrei überfallen, — sie, die kleine Schaar, hielt sich von der ganzen kollosalen Türkenmacht angegriffen, drum der panische Schreck.

Es war aber nur der Vortrab, und der hatte es nur auf Beute abgesehen. „Die Tartaren hauseten in der ersten Furie mit ihren Säbeln nicht anders, als die reißenden Thiere." Der Prinz von Aremberg bekam durch einen Säbelstreich „eine Wunde an den Hals, die bis zu beiden Ohren hinaufging, daß er gleich den Geist aufgeben mußte." Der Herzog von Aerschott fiel. Der Prinz von Savoyen Julius Ludwig, — des größten Türkenbesiegers Eugen Bruder — focht mit den Tartaren „löwenmuthig aber unglückseelig." Die tartarischen Raub- und Verheerungsvögel" hatten das silberne Tafelgeschirr mehrerer Heerführer bei der Bagage erbeutet. Es gelang ihnen mit der Beute durchzugehen, es haben aber „auch die 200 von den ihrigen in das Gras beißen müssen." Der sich mit ihnen herumschlagende Markgraf Ludwig v. Baden hatte Lust „den Räubern ferner nachzuhauen," aber Lothringen ließ es nicht zu.

Am 7. Juli ward Wien von solchen Schreckensnachrichten und Scenen erschüttert, daß an die Vorbereitungen zur Abwehr des Feindes selbst dann nicht geschritten werden konnte, wenn hiezu Zeit geblieben wäre. Ein zeitgenössischer Schriftsteller meint, daß der meiste Theil des Adels und der Standespersonen sich aus Wien „weggemacht," daß aber „doch viele Große aus Liebe zum Vaterland freiwillig bei der Stadt Gut und Blut wagen und aufsetzen wollen."—

Der gesammte Stadtrath blieb. Mit ihm blieb offenbar die Bürgerschaft, die große Mehrzahl der Bürger. Und dies Verbleiben erscheint um so bedeutungsvoller, als sich in der Masse der Bevölkerung über die Schreckensnachrichten solche Bestürzung zeigte, als wären die Schrecken des jüngsten Gerichts über sie hereingebrochen.

Diese Thatsache allein beweist, daß die Bürgerschaft des Jahres 1683 — sich jener des Jahres 1529 — zur Zeit der 1. Türken-Belagerung nicht unwürdig gemacht hat. Der Stadtrath blieb, — er und das Stadtgericht betrachteten sich als einzigen Körper. Vom Bürgermeister am — Schreckenstag zusammenberufen — beschloß der Stadtrath die Stadt in möglichsten Vertheidigungszustand zu versetzen, jedes Haus habe einen Mann zur Schanzarbeit abzusenden, die Pferdebesitzer haben ihr Gespann zur Aufführung der Geschütze herzugeben ꝛc.

Dem Tag der aufregendsten Schreckensnachrichten, dem Tag der thatlosen fieberhaften Unruhe folgte am 8. Juli die fieberhafteste Thätigkeit. Diese Thätigkeit dauerte bis zum Ende der Belagerung fort. Am 8. Juli fing das wie völlig umgewandelte Wien an, zu zeigen, welch' **gewaltiger Kraftentwicklung es fähig sei.** In diese außerordentliche Thatkraft reihte die Wiener Bürgerschaft, im einträchtigen Verein mit der militärischen Vertheidigung Wiens, zäh und ausdauernd die größte Opferwilligkeit.

Der Kriegsrath-Präsident ließ schon um 3 Uhr Früh den Bürgermeister Joh. Andr. v. Liebenberg*) — zu sich berufen. — In Gegenwart Starhembergs sagte der Bürgermeister zu, daß es an Proviant und Munition für Soldaten und Bürger nicht fehlen werde, daß die **Bürgerschaft Gut und Blut daran wagen werde um dem Erbfeind nicht in die Hände zu fallen,** — darauf, um 8 Uhr Früh, hielt v. Liebenberg in seinem Haus mit den Rathsmitgliedern Rath. Maßregeln des Schutzes und der Abwehr wurden angewendet, Rathhaus, Zeughaus, städt. Pulverthurm, Bürgermeisterhaus wurden von Bürgern mit Wachen besetzt. Es ward angeordnet, daß die Bürger sich Nachmittags 1 Uhr bei ihrem Fähnlein die ledigen Burschen im Rathhaus einzufinden haben. Letzteren ward die Pflicht dargelegt, bei der eingetretenen Gefahr ihr Möglichstes zu thun. Im bürgerlichen Zeughaus sollten sie ihre Waffen empfangen. Um 3 Uhr Nachmittags ward wieder im bürgerlichen Zeughaus Rath gehalten. So gings endlos fort, mit Berathungen und Arbeiten. —

In Wien glaubte man, die kaiserliche Armee sei geschlagen, der Herzog selbst sei gefallen.

„Plötzlich hörte man vor der Stadt die Herpauken hallen, und auch zugleich gar schön die Feld-Trompeten schallen." Sie klangen so unentmuthigt, so kampfesfreudig. — Die gedrückte Stimmung der Wiener hob sich. — Herzog von Lothringen der todtgeglaubte — wars. Er kam mit ungefähr 10,000 Mann kaiserlicher Reiter von St. Marx herein in die Stadt und besetzte die Leopoldstadt. Die Wiener sahen ein ergreifendes Schlachtenbild. Auf dem Sattelknopf seines Reitpferdes lag, noch triefend vom eigenen Blute und dem der Tartaren von Petronell — halbentseelt,

---

*) Eine Verwandte desselben lebt in ärmlichsten Verhältnissen in Krems.

von einer tartarischen Lanze durchbohrt des großen Eugen Bruder, Julius Ludwig. Er starb in Wien am 6. Tage.

An Alles wurde von Allen Handangelegt. Schleunigst ging man daran, die Kontreskarpen — Grabenböschungen vor der Stadt — ringsum zu errichten, die Palissaden zu setzen, zu schanzen, Bettungen für die Geschütze auf Basteien, Wällen herzustellen, Geschütze zu führen, Schanzkörbe herzustellen und aufzurichten, Sandsäcke zu machen und zu füllen, Sensen, Morgensterne, kurz alle Arten von Mordwehr beizuschaffen. Die Bürger Wiens legten Hand an. Ihr Bürgermeister griff zum — Schiebkaaren und führte Erde. Alle folgten diesem Beispiele, — wenn es noch eines solchen bedurft hätte. Knaben, Jünglinge, Greise, Bürgerliche und Adelige, Oberoffiziere und gemeine Soldaten, Frauen und Mädchen griffen zu. Ordens- und Weltgeistliche zogen vor die Stadt hinaus um bei den Palissaden zu schanzen. Ein Augustiner meldet, daß, als schon der Türke vor Wien lag, „der P. Provinzial als andere Paters und Fraters den Schubkaren in die Hände genommen und mit Leib- und Lebensgefahr, da hin und her „die Kugeln geflogen, geschanzet." Auch im Schießen haben sie sich „exercirt." Reich und Arm sah man mit Axt und Schaufel und Schubkarren hantiren, schanzen, Pflaster aufreißen 2c.

Am 8. Juli versammelte Starhemberg auf einem Platz der Stadt die Bevölkerung und hielt an sie eine Rede einzig in ihrer Art, eine Rede wie sie markiger, entschlossener, schwungvoller nicht leicht sein kann. Sie lautet bei Lünig folgendermaßen: „Es ist euch nicht allein bekannt, sondern die vor euren augen schwebende gefahr gibt euch auch zu verstehen, euer unglück, daraus ihr euch entweder mit mir reisen, oder darinnen sterben und verderben müsset. Was zu thun? Ehre zu erjagen ist rühmlich; dieselbe zu verachten ist schimpflich. Eine geraume zeit her hat unsere liebe stadt in friede, ruhe und sicherheit gestanden; bisher ist unser Gottesdienst ordentlich verrichtet, das recht und gerechtigkeit ungehindert geführt und die nahrung ungehindert fortgesetzet worden. —

Allein, betrachtet den jetzigen Zustand gegen den vorigen: es hat uns der Feind überfallen, und unsere mauern umringet, daß wir weder aus noch ein können. Dieser Feind, den ihr vor euren augen sehet, ist ein nicht geringer, sondern ein sehr mächtiger Feind; er suchet unser gut und blut zu verschlingen und zu vertilgen, auch was noch übrig, unter sein tyranisches joch zu zwingen.

Ich an meinem theil bin keines fremden joch gewohnt; so

habe ich auch das vertrauen zu euch, ihr werdet, eure freyheit zu erhalten, unter ein frembd joch euch nicht zwingen lassen, sondern durch eure unermüdete ärme zu erkennen geben, **wie mächtig auch ihr seyd**, ein solches joch von eurem Halse zu wälzen. So waget demnach eines mit mir, lasset uns, unser **leben und freyheit zu erhalten, die waffen zur Hand** nehmen, auff das wir dadurch ruhm und ehr erjagen. Meine kühne tapfferkait soll erweisen, dass ich nicht gewohnet bin, mich einer barbarischen Dienstbarkeit zu unterwerffen; auch **mein letzter Blutstropffen** soll diese **meine streitbare Hand, den Feind zu vertilgen, führen**. Auf euch verlasse ich mich ein grosses, als deren **tapfferkeit und treue mir bekannt ist**. Ihr, die ihr **nicht zu fliehen**, sondern entweder **zu siegen**, oder zu **sterben gewohnt seyd**, erneuert den weit erschollenen ruhm eurer **vorfahren**, damit ihr nicht in die Hände eines **tyrannen** und unter ein **barbarisches joch** gerathen möget, welches einen barbarischen Lohn giebet und dadurch ihr eurer ehre und lebens schändlich beraubet werdet.

So stehet demnach alle vor **einen mann**, und schaffet durch eure gesammte Herzhafftigkeit, das wir in unsern mauern den sitz und wohnung sicher behalten mögen: und ehe die nachwelt erfahren solle, dass wir, durch langwierige Belagerung eingesperrt, hunger sterben, oder uns schändlich ergeben müssten; so lasset uns lieber eines rühmlichen Todes in dem Bette der ehren, das ist **innen unsern mauern**, welche der Feind umgeben hat, sterben. Nun ihr **lieben bürger und treuen spießgesellen, folget mir** demnach, **als eurem anführer, herzhaft und getrost nach**, als der ich entweder **rühmlich zu siegen**, oder **ritterlich zu sterben gedenke!**"

Wahrhaft, eine in eine Auswahl von Mustern klassisch werthvoller kriegerischer Reden gehörige Ansprache.

Starhemberg gestattete jedem, der an der Vertheidigung nicht theilnehmen wolle, die Stadt zu verlassen. Sehr wenige Bürger müssen hievon Gebrauch gemacht haben. Und als Starhemberg diejenigen, welche bleiben wollen, aufforderte den Eid der Treue zu schwören — schwuren enthusiastisch Alle diesen Eid. — Und da wagt man die Bürgerschaft Wiens zu verdächtigen!

Bei Beginn der Arbeit waren nicht einmal für 10 Geschütze die nothwendigen Bettungen vorhanden. Schon nach einigen Tagen waren bereits Bettungen für 2—300 Geschütze hergestellt, 30,000 Palissaden eingerammt: Man hatte Hand- und Roßmühlen errichtet, 169000 Eimer Wein, und Lebensmitteln in solcher Menge beigeschafft, daß alles zu sehr mäßigen Preisen zu erhalten war. Die Wiener Bürgerschaft leistete in diesen wenigen Tagen Großartiges, um dem Feind mit aller Macht entgegen treten zu können. Das sonst so sorgloßheitere Wien fühlte sich zur fieberhaftesten Thätigkeit angespornt. — Jeden Augenblick konnten die Türken vor Wien mit unbeschreiblicher Uebermacht erscheinen, jeder Augenblick trägen Säumnisses konnte die traurigste, weltgeschichtliche Thatsache schaffen, die vaterländische Geschichte, die Geschichte der Civilisation für eine Zeit von unabsehbarer Dauer barbarisch umgestalten. —

Jedes Haus hatte einen Mann zur Schanzarbeit zu stellen. In Gemäßheit des bürgermeisterlichen Auftrags mußte man schon um 4 Uhr Früh bei den Schanzarbeiten sein; neben den Soldaten und anderen Arbeitsleuten betheiligten sich die Bürger immer mehr an diesen Arbeiten. —

Unendlich viel gabs zu thun. Maßregeln waren zu treffen behufs Vertheilung von Pulver und Blei an die Bürgerwehr, Führung der Verzeichnisse der zur Vertheidigung Berufenen, der Einquartirung der Generäle und Offiziere, Beschaffung und Vertheilung des Proviant x.

Ein Oberkommissär mußte flugs behufs Beischaffung der größtmöglichen Quantität Getreide ins Marchfeld bis zur mährischen Grenze reisen, Ochsenhäute, Fässer mußten herbei, vor jedes Haus mußte eine volle Wasserbottich, auf dem Dachboden jeden Hauses mußte Wasser kommen. Häuser zunächst der Stadt mußten abgebrochen, Gärten davor zerstört werden. Mit Noth wurden die k. Schatzkammer und k. Archiv nach Passau gerettet, Kirchenschätze wurden fortgebracht. Das vor dem Neuthor liegende Holz mußte in die Stadt geschafft werden u. s. w. Am 10. Juli rückten ungefähr 1000 Mann Schärfenbergisches Fußvolk zur Unterstützung der Ganison ein.

Die Bevölkerung Wiens bewaffnete sich. Ein Augenzeuge schreibt, daß „fast ein jeder, der anders eines Mannes Gemüthe hatte, aus eigenem Angerege (eigenem Antrieb) Verlangen trug, Kriegswaffen zu führen."

Die Bürgerschaft bildete 8 Fähnlein, nach Huhn 2382 Mann stark. Der Rector magnificus rief die Studenten zur Bildung von Freikompagnien zusammen. Alle folgen dem Trommelrufe, Alle erklären sich bereit zum Kampfe. Ein Augenzeuge schreibt: „Die hochlöbl. Universität steckte nunmehro allbereit auch ein Marianisches Fahn-Pantr zum Zeichen heraus, daß sie nebenst der löbl. Bürgerschaft dem Feind die Spitze zu bieten entschlossen sei. 700

Mann stark bildeten sie 3 Fähnlein, harrten sie, auch in den gefährlichsten Stunden, auf den ihnen zugewiesenen Ravelins bis zum Ende der Belagerung aus. Ambrosius Frankh ein Mitglied des äußeren Raths bildete ebenfalls eine muthige Freischaar, meist aus Wirthen bestehend 3—400 Mann. Die kaiserlichen Hofbediensteten schaarten sich in 4 Kompagnien zusammen, sind „fast auch die 1000 Mann stark" mit Wehr und Waffen aufgezogen. Kauf- und Handelsleute, die schöne Kompagnie der Herren Niederläger geheißen, bildeten ein Fähnlein mit 250 Mann. Auch die „Bäckenknechte" kamen zusammen, und erklärten, für die Christenheit zu leben und zu sterben. Mit geweihter Fahne zogen sie zum Bürgermeister. Nachdem er die ersten Nägel in die Fahne geschlagen marschirten die tapferen Bäcker, 206 Mann stark, auf die Mölkerbastei und das dortige Ravelin. Fleischhauer und Brauknechte 300 Mann stark, richteten ebenfalls eine Kompagnie auf auch sie thaten sich sehr wacker hervor. Die „Schuhknechte" (Schuster) ließen sich in 400 Mann stark mit ihrem Fähnlein sehen" Freiherr v. Kielmannsegg, selbst ein ausgezeichneter Schütze, sammelte und unterhielt auf seine Kosten 90 tüchtige Schützen. Auch diese thaten dem Feinde „vielen Abbruch". Die ledigen Burschen blieben auch nicht zurück. Kurz jeder Waffenfähige — Feiglinge ausgenommen — griff zur Waffe „aus eigenem Angerege."

Die reguläre militärische Streitmacht, die sich unsterblichen Ruhm verdiente — wird bald mit 10.000, bald mit 16.000 Mann angegeben. Ersteres wird der Wahrheit näher kommen. — Die bewaffnete Macht der Nichtsoldaten, Bürger ꝛc. schwankt zwischen 5--6000 Mann. Wahrhaftig eine kleine Schaar, gegenüber der colossalen Uebermacht des türkischen Reiches aus 3 Welttheilen!!

Jeder neue Tag bringt neue Schrecken zu denen der vorhergegangenen Tage. Die Unruhe und Erregung der früheren Tage pflanzt sich fort auf die kommenden. Sie beschreibt in der Bevölkerung äußerlich bald größere bald kleinere, immer aber tiefgehende Wellenringe.

So ist der 13. Juli herangekommen. Schon vor diesem Tag ist am südöstlichen Horizont bald dünner, bald dichter Rauch aufgestiegen, bald wie Wettergewölke, Haufenwolken, bald wie aufschießende Säulen. Dazwischen flammts empor, über und unter schwarzen Rauchschichten. Schwechat, Inzersdorf, Laa u. s. w. liegen in Asche u. s. w. Die Türken sinds.

Bald erscheint der ganze Horizont wie ein stürmisch bewegtes aber geschlossenes, bald wie ein zerrissenes feurig durchblitztes, durchleuchtetes Rauchmeer. —

Rauch und Feuer rückten mit den Türken immer näher an Wien heran. Ein Augenzeuge schreibt:

„Indessen aber sahe man weit und breit umb die Stadt Wien umb und umb alle Stätte, Schlösser, Flecken und Dörffer immer eines nach dem andern aufflammen und in Rauch aufgehen."

„So weit und breit man aus der Stadt Wien sehen konnte mußte alles durch Feuer-Flammen aufgefressen werden!"

Dem Hauptheere voraus jagen auf flinken Rossen die „Renner und Brenner" mit Pfeil und Bogen und Säbel die Tartaren, um das Land zu „lichten," zu sengen und zu brennen.

Am 12. Juli überschritt das türkische Hauptheer die Leitha und betrat den Boden Niederösterreichs.

Was sich nicht schon früher flüchten konnte oder wollte, flüchtete sich jetzt.

Aber obwohl um die Stadt Wien allenthalben vom Feinde angezündete „Brandfackeln leuchteten," so „getrauten sich gleichwohl unterschiedliche Leute hinaus, im Willen, ihre besten Sachen von den Dörffern in die Stadt zu flüchten, es sind aber deren viele von den Feinden gefangen und niedergesäbelt worden und solches ist auch nicht wenigen wiederfahren, welche sich gar zu spät auf dem Land in die Flucht nach Wien erhoben. So schreibt ein Zeitgenosse.

Schon zeigen sich vom Feinde Einzelne in Simmering, schon bringen am 12. Juli einzelne tartarische Reiterhaufen über den Laaerberg, in St. Marx ein und „machten nieder was sie lebendiges antrafen." Schon streifen sie bis zur neuen Favorita, zum heutigen Theresianum.

Die Bewohner der Vorstädte flüchten mit ihren besten Habseligkeiten in die Stadt, über die Donau, oder in den Wienerwald.—

Am Morgen des 13. ritten auf der Höhe bei St. Marx türkische Reiter bald zusammen, bald von einander, als wollten sie „Hasen, vielleicht flüchtende Christen, — hetzen."

Bald tauchten dichte Reiterschwärme in dem Weingebirg auf, bald in der Niederung unter.

Nach 10 Uhr standen die Vortruppen des türkischen Hauptheers vor den Vorstädten.

„Gegen 11 Uhr kam eben von St. Marx ein so starker und dichter Haufen anmarschiert, daß von demselben um 1 Uhr von dem Lager-Hölzl an bis gegen den Hundsthurm zu fast alles angefüllt worden."

Vor den äußern Fortificationswerken waren Reiter aufgestellt. Schon gabs Scharmützel. Nun ließ Starhemberg das 1. Geschützfeuer gegen die Feinde eröffen. Sie wichen.

Die erste preiswürdige That vor den Thoren Wiens geschah an diesem Tage.

In den Vorstädten waren noch immer Bewohner zurückgeblieben. Plötzlich sahen sich diese von den Barbaren umrungen. Jäher Schreck übermannte sie so, daß sie wie gelähmt erschienen. Männer, Weiber, Kinder ließen sich von den Barbaren ergreifen und wie eine willenlose Heerde wegtreiben — in den Tod oder Gefangenschaft. —

Aber in der Nähe lauerte wachend das Verderben auf die Menschenräuber. Ein deutscher Fürst wars — Markgraf Ludwig von Baden, der befähigtste Rivale des großen Lothringers — der da mit seinen wackern Dragonern in der Nähe von St. Ulrich hielt.

Kaum ersah der Kriegsmann und Held die arme Schaar Gefangener und ihre Treiber als er sich auf diese Menschenjäger warf und dreinhieb.

Mit athemloser Spanung sah man von den Wällen Wiens diesem Kampfe zu. Ein Mark und Bein durchdringender Beifall jubelte zum Himmel empor und dem Retter entgegen als er die befreite Schaar in Sicherheit, vor die Thore Wiens brachte. —

Die Feinde rückten immer näher und in immer größerer Menge gegen die Stadt.

Das Traurigste wurde bis zum letzten Augenblick verschoben. Endlich mußte auch hiezu geschritten werden. Dem Feinde durften all' die Häuser Palläste und Kirchen der Vorstädte, zu seiner Deckung gegen die Vertheidiger Wiens, zur Förderung der Angriffe auf Wien, nicht gelassen werden. —

Starhemberg befahl also alle Vorstädte niederzubrennen.

Und in kurzer Zeit standen „die ganze Landstraße sammt dem Kloster, die ganze Roßau sammt dem Kloster," alle Vorstädte mit Ausnahme der Leopoldstadt, in Flammen.

Ein ungeheures Flammenmeer umschloß nun halbmondförmig die Stadt von dem einem Ende bei den Weißgärbern bis zum andern in der Roßau. Die kaiserliche Reiterei ward als Wache rings an den Kontrescarpen auf den Wegen und Straßen in die Vorstädte aufgestellt. Während die Vorstädte aufflammten gabs Scharmützel zwischen ihr und den Türken.

Diesem feurigen Halbmond folgte am 14. Juli ein anderer Halbmond. —

„Gleich als die Sonne mit ihrem Golde der Erden einen guten Morgen geboten, kame die ganze türkische Heereskraft nicht anders, als wie eine **Wasserfluth** mit unzählig vielen beladenen **Cameelen** und **Wägen**, so mit Pferden und Büffel-Ochsen bespannt gewesen, alle Gegenden der Stadt zu überschwemmen und fing an bei dem sogenannten Lagerhölzl (Laaerhölzl) gegen Hundsthurm, Ottakring, Währing und bis an die Donau das Lager **in Gestalt eines halben Mondes** aufzuschlagen."

Wie groß war eigentlich die Armee, womit der Großvezier zum Schrecken des ganzen christl. Europa ausgezogen? Bald werden 200—230, — bald 300.000 Mann angegeben. Jedenfalls war es das größte Heer, womit die Türken bis jetzt im offenen Felde erschienen, und mit einem solchen Heer rückte er vor — **Wien**.

Der Zuzug der Türken dauerte durch mehrere Tage. Sie zogen mit unzähligen, beladenen Wägen, Pferden, Kameelen, Büffeln, mit zahlreichen Ochsen- und Schafheerden den nehmlichen Umweg, wie früher die Avantgarde, nehmlich von Schwechat südlich im weiten Bogen rückwärts des Laaer- und Wienerberges um die Stadt bis an die tiefgelegenen Donauufer am Fuße des Kahlengebirges. —

Ein wahrhaft überwältigend großartiger Anblick diese vor Wiens Mauern sich stauende, ungeheure Menschenfluth, dieses ungeheure Zeltmeer! Der bewaffnete Orient am Eingangsthor ins Herz des civilisirten Europa! Die Stunde der schwersten Prüfung für die deutsche Stadt an der Donau war herangekommen!

Schräg gegenüber der Burg und Löwelbastei ragte hoch über alle Zelte der Zeltpalast des obersten Heerführers des türkischen Reiches. Da bräute die türkische Hauptstandarte. Ohne Verzug schritten die Türken an die Errichtung der Batterien, an die Eröffnung der Laufgräben. —

Die ersten fertigen Batterien des Feindes standen auf der Höhe des Kroatendörfels — Spittelberg — und hinter dem rothen Hof. Die Laufgräben begann man links beim rothen Hof, in St. Ullrich, und später auf der Laimgrube. Bald waren die im Glacis tief ausgehöhlten Laufgräben der Stadt sehr nahe. Sie waren nicht gleichmäßig gebaut, meistens waren sie 5—6 Fuß breit und nahe an 7 Fuß tief, so daß man darin bequem stehen konnte. Sie liefen in pararellen Linien gegen die Burg- und Löwelbastei—der Hauptlaufgraben ging gegen den Burgrabelin, sie hatten Ausläufer und waren durch Quergräben verbunden. Nach Eröffnung der Laufgräben wurden Janitscharen — das tapferste türkische Fußvolk — hineingeführt. —

Am Tage des Brandes der Vorstädte wurden der Kauf- und städt. Holzstabl vor dem Neuthor in Brand gesteckt, über 1000 Klafter Brennholz, Heu, Stroh brannten. Da dem Arsenal, den beiden Pulverthürmen die höchste Gefahr drohte, eilte Alles, Militär und Bürgerschaft, zur werkthätigen Hilfe herbei, mit Lebensgefahr wurden Löcher und Fenster der Thürme vermauert, wurde dem Unheil gewehrt, obgleich der Feind die Vorstädte schon ziemlich durchstrichen." — Aber was geschah nächsten Tags wieder?

Gegen 2 Uhr Nachmittags entstand in einem Wirthschaftsgebäude des Schottenklosters eine Feuersbrunst; Kloster, Kirche und eine Reihe angrenzender Häuser wurden vom Feuer verzehrt. Man hielt den Brand für gelegt.

In der Nähe war das Arsenal und darin ein Vorrath von vielen 100 Zentnern Pulver. Schon fingen die Fensterläden des Pulvermagazins zu brennen an, die Gefahr, die Angst werden minutlich größer. — Explodirt das Pulver, so wird ein sehr großer Theil der Stadt — vielmehr als ein Drittel — zerstört, eine ungeheure Bresche ist offen, und die Belagerten sind des Pulvers beraubt. — Der erste Tag der Belagerung wird zum letzten, am 1. Tag ist Wien erobert. Die Menge rast. Der zu den Pulvervorräthen führende Gang von Holz ist von den Gluthen der Julisonne ausgedörrt. — Schon ist er von Funken bedeckt, schon ist das Zeughaus von den Flammen bestrichen. Die Aufregung Aller ist unbeschreiblich. Dazwischen fliegen ununterbrochen die Kugeln der Türken auf die Brandstätte! Man schreit nach den Schlüsseln des Magazins, — der Verwahrer der Schlüssel findet sie nicht, Angst und Aufregung betäuben ihn — verzweiflungsvoll irrt er verwirrt herum, ohne sie zu finden. Die Menge tobt. Sie hält den ausländisch redenden, den in einer fremden Tracht Gekleideten für einen Verräther, für einen Brandstifter, — und fällt über ihn her. Sie zerreißt einen Jüngling, deßwegen, weil er weibliche Tracht trägt. Einer der in das Feuer mit einer Pistole schießt in der abergläubischen Meinung es auszulöschen, wird von der wüthenden Menge bis zum Stefansfriedhof geschleppt und dort in Stücke gerissen.

Die Rahmen der Fenster glühen bereits. Eine Meldung besagt, General Serini, Guido Starhemberg, der Bürgermeister hätten das Thor des Arsenals eigenhändig aufgebrochen. Die Löscharbeit ist lebensgefährlich. Da, — es ist höchste Gefahr, — wirft sich Guido Starhemberg, des Kommandanten Neffe, den Flammen entgegen und begießt die Pulvertonnen mit Wasser. Bürgermeister Liebenberg, Oberkämmerer Fockl gießen ebenfalls Wasser auf die Pulverfässer.

Die Arbeitsleute wollen sich dem todbringenden Ort nicht nähern. Aber mit dem Degen in der Faust zwingt Guido Starhemberg die Leute, die zur Pulverkammer führenden, bereits von den Flammen bedeckten Fenster zuzumauern. Auch Liebenberg und Jochy — wird gemeldet — zwangen die Arbeiter zu dieser Vermauerung und halfen selbst mit. Man wich nicht, bis das Aufliegen des Pulvers verhindert, die Stadt gerettet war. —

Mit größtem Eifer arbeiteten die Bürger Wiens, damit man mit der Verpallisadirung auf den Wällen und in den Kontreskarpen vor der Stadt fertig werde.—

Täglich waren 1680 Mann aus der Bürgerschaft unter den Waffen, bei der Feuerwehr, auf den Wachen, kurz in voller Thätigkeit.—Freiherr v. Kielmannsegg war mit seinen wackeren Schützen „die ersten drei Täg der Belagerung Tag und Nacht auf der Burgpastey gestanden und hat dem Feind mit scharpffen schießen großen Schaden zugefügt."

Wiederholt wurde angeordnet, daß die waffenfähige Mannschaft aufgeschrieben und zum Dienst herangezogen werde, aber diese Anordnung traf nur „alle nicht zu der Bürgerschaft und den Studenten" gehörige Leute, erfloß gegen vazirende herrenlose Leute und Fremde. Diese mögen sich dem Kriegsdienst entzogen, oder zu entziehen versucht haben, nicht aber Wiener Bürger. —

Am 15. Abends fingen die Türken die Burgbastei zu beschießen an, die Gegenbatterien auf dieser Bastei, sowie auf der Löwelund Kärntnerbastei waren trotz angestrengtester Arbeit nicht fertig.

Für die von steten Sorgen, steter Unruh gequälte Bevölkerung Wiens kam mit dem 16. ein Tag neuer Aufregungen, neuer Schreckensszenen.

Um nicht von Wien, von Oesterreich abgeschnitten zu werden, beschloß Lothringen ebenfalls—wie der Großvezier — auf Wien zu ziehen. Mit seiner Reiterei war er glücklich aus Ungarn in Wien angekommen und lagerte in der Leopoldstadt und der Taborau.

Auch der zweiten Kolonne, den langsamer marschirenden, sogar auf Wägen transportirten Fußtruppen und der Artillerie Lothringens glückte der Rückzug nach Wien durch das Marchfeld. Die Mineurs mußten leider in Raab zurückbleiben.

Die ununterbrochenen Versuche der Türken sich auf dem linken Ufer der Donau festzusetzen, wurden von den Kaiserlichen immer wieder zurückgewiesen. Da sandte Lothringen mehr als 12000 Mann, fast lauter Fußvolk, in die Stadt zur Verstärkung der Besatzung. Der Plan die erwähnte Stellung in der Leopoldstadt zu behaupten, aufgebend, schickte er sich zum Abzuge an. Dies nahmen die Türken wahr. Der Donauarm war wegen der langen Dürre sehr seicht. Ihn an mehreren Stellen durchwatend glaubten die Türken über die abziehenden Kaiserlichen vernichtend herfallen zu können „sie haben viel Tausend Janitscharen mit bloßem Säbel, unbeschreiblicher Furie und gräßlichem Geschrey auf die erste Insul so lange und unaufhörlich stürmen lassen, bis nach vielstündigem Gefechte, da die feindliche Macht mehr und mehr verstärket und auf die Kaiserlichen angedrungen, diese von denen Jägerwohnungen, (Jägerzeile) wiewohl jederzeit „tapffermuthig fechtend"—zurückwichen.

Dieses Zurückweichen lag im Plane. Die den Rückzug deckende Nachhut kämpfte mit der türkischen Uebermacht so lange „tapffermuthig" bis die ganze Armee über die große Donaubrücke auf das linke Donauufer gezogen war. Sofort ward dann von den Abziehenden die Brücke abgebrochen. „Der von den Brücken also abgetriebene Feind ließ seine Wuth an der vortrefflich schönen Favorita (Augarten) und an den auf dieser Insul gelegenen Kirchen, Klöstern, Palatiis, Gärten und Gebäuden" aus, welche „in einer Zeit von wenig Stunden in Asche gelegt worden."

„Aber es sind von denen Türken und tartarischen Bluthunden durch das beständige Canonieren, sowohl aus der Stadt, als von denen in der Leopoldstadt aufgeworfenen Schanzen, und also zwischen zwei Feuern, viel tausend, ohne was in der Donau ersoffen, aufgerieben worden."

Und während solcher Schreckensscenen flüchteten die Leopoldstädter in die Stadt. — Hinter ihnen wurden die Thore der Stadt geschlossen und verbollwerkt. — Die Leopoldstadt war also von den Türken abgebrannt, Wien auch auf dieser Seite vom Feinde eingeschlossen. Lothringen war anfangs Willens, diese Vorstadt, und damit die Verbindung Wiens mit dem linken, vom Feinde freien Donau-Ufer nicht aufzugeben. In der über diesen unerwarteten Abzug bestürzten Bevölkerung wurden Vorwürfe laut.—

Aber das Ausharren in dieser Stellung hätte für Lothringen und damit für Wien verhängnißvoll, verderbenbringend werden können. Alle Augenblicke dräute die Gefahr, in dieser Stellung von einer collossalen Uebermacht eingeschlossen und erdrückt zu werden, weil sie zu sehr exponirt, zu wenig geschützt waren. Damit wäre der Entsatz Wiens sehr gefährdet worden. Dort, wo sich an der Donau aus der Ebene massig der Bisamberg erhebt — Wald, Feld, Weingärten, Heide, Gestein geben ihm jetzt ein marmorirt-geflecktes Aussehen — schlug Lothringen sein Heerlager auf. — Die Wahl dieses Ortes bekundet den meisterlichen Strategen. Keine Wahl konnte glücklicher sein. Hinter den Ruinen der Barmherzigen und Karmeliter errichtete der Feind sofort Batterien. Der Feind fing an hart an der Donau sich zu vergraben, Gräben und Batterien aufzuwerfen, „woraus er folgende Täg gegen den Rothen Thurm und Alten Fleischmarkt und der Gegend zu in die Stadt grausamb geschossen."

Unterm 22. heißt es, daß fast kein Haus von der hohen Brücke an bis zum alten Fleischmarkt verschont blieb; die Inwohner flüchteten sich in die Keller oder in tiefe Gewölbe.

Später vermauerte man an, dem Feuer sehr ausgesetzten Gebäuden dieser Stadtseite alle Fenster und ließ nur Schußlöcher für die bürgerlichen Scharfschützen. Da der Feind unaufhörlich in die Stadt schoß, wurden die Pulvervorräthe in unterirdische Gewölbe und Grüfte gebracht, bei den Dominikanern, Franziskanern, unter der St. Peterkirche, im Amtshaus ic.

Das Unterkammeramt errichtete 3 Schnellgalgen für Verräther und Nachlässige. Für Unterbringung von verwundeten und kranken Soldaten in Spitälern, für Hinwegschaffung der Aeser und des Unraths in den Gassen, für Herstellung eines Begräbnißplatzes wurden Anordnungen getroffen.

Als eine Gefahr für die Nachbarschaft — Augustiner und Burg — wurde das hölzerne Komödienhaus abgebrochen. Alles half, Weltliche und Geistliche.

Da die Türken dies wahrnahmen „haben sie mit Bomben-Einwerfen und Stuckkugeln auf dasselbe dergestalt gespielet, daß die Abbrechenden fast keinen Augenblick seynd sicher gewesen; „damit bei solchem Abbrechen nicht so viel Leute darauf gehen" hat man die Säulen durchsägt „wodurch dann der ganze Last über einen Haufen gefallen."

Bisher mochten Viele nicht wissen, welche der 11 Basteien der Hauptangriff gelte. Am 17. sah man, daß sich die einzelnen Batterien zu einem großen Ganzen verbinden, daß der Hauptangriff gegen die Burg und Löwelbastei, gegen das zwischen diesen beiden Basteien gelegene Ravelin, gerichtet sei.

Am 17. wechselten die Batterien Wiens mit jenen des Feinds heftig Kugeln, warf man aus der Stadt die ersten Bomben. Der Feind hatte bereits seine Laufgräben gegen die Burg und Löwelbastei eröffnet, und arbeitete immer fort an der Errichtung neuer Batterien.

Am 19. wurde der 1. Ausfall am 20. bei nächtlicher Weile

mit ungefähr 500 Mann ein 2. Ausfall gemacht. Im heißen Kampfe bringt man weit gegen die Laufgräben vor, um die Arbeiten zu zerstören, die Arbeiten zu hindern. Die Bomben und Handgranaten der Vertheidiger fügen dem Feind in den Laufgräben nicht wenig Schaden zu. Um dem zu begegnen, wurden die Laufgräben mit Balken und Sandsäcken bedeckt. „Und weil von denen gezwungenen Christen eine unbeschreibliche Menge im Lager vorhanden waren, so hatten diese mit unaussprechlicher Arbeit in diesen unterirdischen Gängen weite und geräumige Gemächer verfertigen müssen. Damit sich die Bomben, — da der Feind bereits stark die Stadt bombardirt — im weichen Boden leichter eingraben, wird das Straßenpflaster aufgehoben, und auf die Wälle getragen, um es gegen die anstürmenden Türken als Vertheidigungsmittel zu gebrauchen.

Am 20. sucht der Großvezier um einen Waffenstillstand an, allein es ward ihm von Starhemberg verkündet, „man habe lauter gesunde Soldaten und daher keine Todte zu begraben, sollte nur redlich fechten, seiner Seite wolle man sich bis auf den letzten Blutstropfen defendiren." Ein kaiserlicher Reiter aus Langenzersdorf kommt am 21. über die Donau geschwommen mit einem Schreiben Lothringens an Starhemberg, worin baldiger Entsatz versprochen wird. Auf dem Rückweg ward er gefangen genommen. Den ihm abgenommenen Brief Starhembergs an Lothringen ließ der Großvezier durch einen Pfeil, in den Burgravelin zurückschießen. Ihm ward beigesetzt: Es sei nicht nöthig, in Ziffern zu schreiben, die verzweiflungsvolle Lage der Stadt sei der ganzen Welt bekannt. Wolle die Bürgerschaft seiner Milde sich nicht fügen, so würde sie bald Gottes Zorn erfahren. Diese Aufforderung wurde keiner Antwort gewürdigt, vielmehr gelobte die Bürgerschaft aufs neue bis zum letzten Blutstropfen auszuharren. Neues heftiges Feuer des Feinds auf die Burg und Löwelbastei und von der Leopoldstadt in die Stadt. Man gab bekannt, daß jene Häuser, deren Schindldächer bisher noch nicht abgetragen seien, von der Soldadeska abgeräumt, die Häuser aber Jedermann preisgegeben würden, wenn nicht bis längstens nächsten Tags, 22. das Gebot durch die Hausherren befolgt worden wäre.

Der im türkischen Lager gefangen gehaltene kaiserl. Resident am türkischen Hof, von Kunitz, bringt heimlich Nachrichten nach Wien, „beförderst aber" schreibt er, „entsetzt der Feind, sich ob der Mannhaften Gegenwehr in den Contrescarpen, massen eine namhafte Anzahl der Janitscharen und Seemenen erlegt worden, dahero zur Ersparung des Volks gedenkt der Feind kunftig mehrers mit miniren den Unserigen in denen Contrescarpen zuzusetzen."

Am 22. begannen die Studenten mit mehreren von der Bürgerschaft ihre Ausfälle; sie erbeuteten an diesem Tage 20 Ochsen, am 29. jagten sie in den damals nahe an die Stadt heranreichenden Weingärten dem Feind „viel Stuck Ochsen" ab, die sie in die Stadt brachten. Sehr benöthigte man dieses Schlachtvieh, da das frische Fleisch anfing theuer zu werden. —

Der 23. ist werth, besonders hervorgehoben zu werden. Es trat ein, was Kuniz verkündigte. Die Türken warfen sich auf ihre damalige Hauptstärke in der Kriegskunst, auf den Minenkrieg. Vormittags ward von den Bürgern ein türkisches Schiff in den Grund geschossen. Es war zwischen 6—7 Uhr Abends, als an den Winkeln der Contrescarpe vor der Löwel und Burgbastei die ersten Minen auflogen. Mit wenig günstigem Erfolg, denn nur wenige Vertheidiger fielen.

Sogleich wurde gegen diese beiden Werke dreimal gestürmt. Vergebens. Zum Abwehren der Feinde bedienten sich die Vertheidiger „der an lange Stiele gehefteten Sensen."

Dem „erschröcklichen und grausamen" Schießen von beiden Seiten ward erst Abends durch einen Regen ein Ende gemacht. Inzwischen schaffte man von den Batterien beschädigte Geschütze fort und holte man dafür neue.

Wieder ist eines besonderen, interessanten Umstandes zu erwähnen. Das Ungewohnte des Kriegslebens, des steten Gekraches der Geschütze, der Minen, des steten Geprassels und Gesauses aller Arten Geschoße raubte der Bevölkerung — den Schlaf. In den Kirchen drängten sich die Andächtigen, riefen mit ausgestreckten Armen Gott um Rettung aus der Gewalt des grausamen Erbfeinds des christlichen Namens an. Aber keine Glocke rief sie später in die Kirche, ihr Ruf verkündet nicht die Stunde der Andacht, sondern Sturm und Feuer.

Man gewöhnte sich nach und nach an das Donnern der Karthaunen und konnte trotz dem Getöse sogar wieder — schlafen. Man öffnete hie und da Häuser und Läden und es war noch fast in keinem Dinge jener Mangel, der doch sonst in belagerten Städten einzutreten pflegt. Fortwährend gabs Anordnungen, Einschärfungen von Maßregeln der Vorsicht, der Abwehr ꝛc. So wurde z. B. den Hausherren geboten, in den Kellern wachen zu lassen, ob man nicht den Feind miniren höre, später wurde neuerdings in allen Häusern „eingesagt," daß man die Keller vorsichtig bewache und jedes Zeichen irgend einer Minirung sogleich angebe. Am 25. Nachmittag flog eine gewaltige türkische Mine in der Contrescarpe vor dem Burg-

ravelin auf, sprengte ein Stück der Befestigung und 200 Janitscharen in die Luft. Hiedurch wurde der Türke nicht zurückgeschreckt,
sodann suchte die Bresche zu stürmen. Durch die hier schon nahe
gerückten Laufgräben drang er vor.

In den Laufgräben „erschollen Pfeiffen, Schellen, Glöckeln und
ein abscheuliches Geheul." Aber als unsere Kaiserlichen solches ver-
nahmen „haben sie den Feind auf ein Tänßel — war der Tanz-
plaß doch kaum 10 Schuh weit — gar höhnisch eingeladen, wobei
es an Luftsprüngen nicht gemangelt." Heiß wurde gekämpft, —
aber dem Todesmuth der Kaiserlichen erlag die Wuth des Feindes;
dreimal stürmte er heran, dreimal mußte er weichen. Hervorragende
Führer der Vertheidiger fielen oder wurden verwundet. Der ebenfalls verwundete berühmte Festungsingenieur Georg Rimpler erlag
nach einigen Tagen seiner Wunde. Starhemberg selbst, der schon
am 15. am Haupt auf der Löwelbastei verwundet wurde, ward an
diesem Tag durch einen Bombensplitter wieder blessirt. —

Weil man bei der wachsenden Bedrängniß nicht genau wissen
konnte, wann und wo der Feind stürmen werde, so befahl Starhemberg, daß keine andere Glocke als nur die große von St. Stephan
geläutet werden dürfe. — Wenn ihre Stimme erschallt, kündet sie
Sturm und es hat jeder bewaffnete Bürger auf den Hof, jeder
Student auf die Freiung vor der Schottenkirche, jeder Andere auf
den Neumarkt zu eilen.

„Alles was nur Wehr und Waffen führen konnte, hat auf
diesen Ruf mit Waffen zu erscheinen und sich in Bereitschaft zum
Widerstand einzufinden" schreibt ein Belagerter.

Kündet ihr Schall eine Feuersbrunst, so mußte alles „was
Unterröcke trug, zum Brunnen eilen.

Nächsten Tags wurde wieder befohlen, daß sobald die große Glocke
ertönt, auch die übrigen Glocken geläutet werden müssen, damit man
das Signal in jedem Winkel der Stadt höre. Wer nicht erscheint
war mit dem Tode bedroht. — Und nun schwiegen die Glocken bis
zum Ende der Belagerung; von nun an, 26. Juli, hörte man nur
mehr das Schlagen der Uhren; täglich gestaltete sich das Leben in
der belagerten Stadt unheimlicher, sorgenvoller. — Auf dem Plaß
vor dem bürgerlichen Zeughaus wurden nun Hellebarden, Pistolen
und Springstöcke ausgelegt, um jeden Augenblick gebraucht werden
zu können.

Die Ruhr hat jetzt „sowohl unter der Bürgerschaft fast in
jedem Haus, als der Soldatesca stark zu grassiren angefangen." Es
ward ein eigenes Spital für diese Kranken errichtet. Man arbeitete

mit größtem Eifer an spanischen Reitern, Räderpalissaden und an Fußtreppen mit eisernen Nägeln. Auch ließ der Bürgermeister ein ganzes Faß voll 3spitziger Fußeisen — Fußangeln — machen, die beim Stürmen des Feindes in den Stadtgraben geworfen werden sollten. Man machte mehrere 1000 Säcke, füllte sie mit Erde, brachte sie auf die Basteien und Ravelins und besserte damit Brustwehren aus. Die Parole des 27. war St. Johann und Krems. Wieder wurde die Bresche vom 23. zu stürmen versucht, — mit fanatischer Wuth. Schon waren Janitscharen mit bloßem Säbel über die Palissaden gesprungen, wurden aber sogleich in den Graben zurückgeworfen und getödtet. „Die in der Höch wurden zurückgetrieben und bekamen ansehnliche „Stöße" und General Serent war im Kampf so erhitzt „daß er einen in der Achsel gesteckten Pfeil nicht einmal empfunden hat." 300 Türken blieben am Platze. Auch der Verlust der Vertheidiger war groß, wieder fielen viele hervorragende Anführer.

Am 28. wurden vom rothen Hof und aus der Leopoldstadt viele Bomben in die Stadt geworfen. Ein Haus unweit vom rothen Thurm ward durch eine Bombe fast ganz zerstört. Viele Leute wurden auf der Gasse von, durch eine Bombe zertrümmerten Dachziegeln verwundet. Etliche von dem Feind gefangene Christen hatten sich in die Stadt gerettet, „so alle auf Türken Manier bekleydet und an Köpfen geschoren gewesen." Am 29. ließ der Feind „an der Spitze der Kontreskarpe vor dem Burgravelin eine Mine mit gutem Effect springen, wodurch er auf die 15 breitfache Palissaden sammt 20 christlichen Soldaten in die Luft geworfen; weil die Türken sich nicht erkühneten zu stürmen, fanden die Kaiserlichen Gelegenheit die Palissaden alsobald wieder einzusetzen."

Am 30. Juli wird berichtet, daß der Kommandant dem Magistrat meldet, daß verschiedene Personen von den Handelsleuten, Hofbefreiten, Studenten und Bürgern ohne Kommando über die Kartreskarpen und Palissaden stiegen, um Ausfälle zu machen, die nebst der großen Gefahr, in Feindeshände zu gerathen, doch nur geringen Gewinn brachten. Der Magistrat möge dies daher streng untersagen, „widrigenfalls jeder auf der That betroffene vor den Palissaden niedergeschossen würde." — Hasenfüßig waren diese verschiedenen Personen von den Handelsleuten, Studenten und Bürgern Wiens just nicht. Der Großvezier glaubte, die Stadt sei in verzweifelter Stimmung und bald in seiner Gewalt; so glaubte er noch am 31. Juli. „Da ließ Ihro Excellenz Herr Kommandant Nachmittags auf der Kärner-Pastei mit Trompeten und Pauken herrlich musiciren." Diese lustige Musik gefiel dem allgewaltigen Großvezier gar nicht, — er ließ daher gleich stark — Canoniren ohne dadurch den Musikanten die Lust am Musiciren zu verderben. Und zu einer Tanzmusik war ja reichlich Anlaß geboten, denn der Feind war „so nahe den unserigen gekommen, daß sie nit allein mit einander reden und Possen treiben sondern mit Prügel und Zaunstecken erreichen konnten, statt denen sie aber — Morgenstern und Sensen in die Hand genommen" mit Sensen und Morgensternen bewillkommt einander haben. Und auch an komischer Kurzweil fehlte es nicht. „Komisch war es anzusehen, schreibt ein Zeitgenosse, wie unterweylen zwey drey und mehrere der unsrigen an einem dergleichen Gewehr umb den getroffenen Türken hereinzuziehen zogen, und herentgegen die Türken ihren also eingehackten Mitgesellen wider los zu machen, sich bemühten. Wobey es dann allemal Köpf gekost." Nun, unsere Vorfahren haben blutig ernste Dinge, wobei es Köpfe kostete, — komisch gefunden. Freilich wird es — Türkenköpfe gekostet haben, und der Ingrim wird es gewesen sein, der dem blutigsten Kriegshandwerk eine — komische Seite abgewann. — „Weil aber den Türken solche Bewillkommnung nicht hat gefallen wollen haben sie ein anderes Mittel in Statt-Graben zu komen erfunden, denn sie machten ihnen Gänge unter der Erde, täfelten sie oben und auf beiden Seiten mit Holz aus, bedeckten sie auch mit vielfachen Sandsäcken, damit sie wegen unserer Bomben und Granaten desto sicherer sein möchten."

Außer Wien.

Die 47. Sure des Koran empfiehlt den Religionskrieg. Wenn ihr mit den Ungläubigen zusammentrefft, dann schlaget ihnen die Köpfe ab, heißt es dort. „O ihr Gläubigen, bekämpfet die Ungläubigen, die in eurer Nachbarschaft wohnen," Sure 9 des Koran."

Und wirklich hatten von der Zeit an, als die Türken in Europa waren, die Nachbarländer fast in keinem einzigen Jahre völlige Ruhe. Und jeder Krieg erweiterte die Grenzen ihres Reiches. Wenn auch besiegt, kehrten sie doch wieder mit unzähligen wilden Schaaren zurück und siegten. Jahrhunderte hindurch stieg die türkische Macht aufwärts. Raubzüge unternahmen sie nach allen Richtungen, — bis nach Oesterreich, Steiermark ꝛc. und hausten wie Kannibalen.

In Ungarn wetteiferte man in der Erfindung von Martern für die Gefangenen. Man ließ gefangene Türken theils braten, theils zwischen Mühlsteinen binden, theils ihnen die Haut abziehen, und sie dann ausgehungerten Schweinen vorwerfen. Diese durch Jahrhunderte wiederkehrenden gegenseitigen Unmenschlichkeiten, diese Raubzüge waren eine Hauptmitursache der in Ungarn eingerissenen Verwilderung. Man darf freilich nicht vergessen, welche Greuel z. B. auch der 30jährige Krieg in Deutschland im Gefolge hatte. Um Geständnisse verborgener Schätze herauszumartern — im heil. röm. Reich deutscher Nation! wurden den Opfern die Augen ausgestochen, wurden säugenden Müttern die Brüste abgeschnitten, wurden Arme und Beine zersägt, wurden Menschen langsam in Backöfen gebraten, wurden Nägeln in den Kopf gehämmert, wurden siedendes Pech und Blei in Ohren, Nase und Mund gegossen. Aus dem Jahr 1676 berichtet Feigius, daß 2 aufständische Abelige die ein Zeughaus in Brand stecken wollten, „an einen Schnellgalgen an einem eisernen Hacken durch die Rippen gehenkt, daran einer den andern Tag verschmachtet, der andere aber lang nicht ersterben können, und öfters umb einen Trunk Wasser die Vorübergehenden gebeten." Aus dem Jahre 1677 meldet derselbe Autor: Wegen solcher Verübungen hat General Cobb, ein kais. General, 4 vom Abel als Aufwickler wider Ihr kais. Maj. folgendermassen hinrichten lassen: der 1. wurde mit Pferden geschleifft, Riemen aus ihm geschnitten und lebendig gebraten. Der andere wurde gleichfalls zur Gerichtsstatt geschleifft, ihm die rechte Hand abgehauen vor seinem Gesichte ins Feuer geworfen, und er todt am Spieß gebraten."

Ein Krieg gegen die Türken war im Jahre 1683 kein anderer als in den früheren Jahrhunderten, nämlich ein Krieg wider Feinde aller menschlichen und gesitteten Ordnung, ein Ausrottungskrieg wilder Raubthiere. —

Im Frühjahre 1683 wurden wohl die Bewaffnung des Landvolkes, die Herstellung von Zufluchtsstätten für dasselbe, Alarmzeichen durch Feuer auf den Bergen im Falle der Noth angeordnet oder angeregt. Aber dieser Fall der Noth ward erst als vorhanden erkannt, als es zu spät, als das größte Unheil schon geschehen war. Spät wars, als man die Landbevölkerung aller Orten in Waffen, Pallisaden setzen, Schanzen, Verhaue c. machen sah. Das flache Land ward unvorbereitet überfallen. Urplötzlich ward Alles in die größte Bestürzung versetzt, „sintemalen weil man nicht wußte wie es zuginge, daß ein solches Morden und Brennen von dem Feinde könnte verübet werden indem doch die kaiserliche Armee in dem Feld stande." „Was anno 1683 in Unter-Oesterreich durch den christlichen Erbfeind mit Feuer verzehrt worden, können es die wässerigen Augen nicht sattsamb betheuren."

Wo die Tartaren und Türken erschienen, gewann die Gegend alsobald ein anderes Aussehen. Ein Autor sagt „Es schiene als wenn die Verwüstung ganze Länder mit Besemen (Besen) auskehren wollte. Hier und dorte wurde nichts gesehen als Blut, Feuer, Rauch und Asche. Das Alter wurde erwürget, die Jugend und Kindheit mit Ketten, Fesseln und Stricken zur strengen Dienstbarkeit geführt."

Die arme Landbevölkerung flüchtete vor Türken und Tartaren in die Wälder, Berge, in die befestigten Orte. Der Name Tartar erregte überall die entsetzlichste Furcht, hatten doch die Türken selbst zu diesen Unmenschen kein Vertrauen. Nicht immer fanden die Unglücklichen solchen Schutz in ihren Verstecken, wie zum Beispiel nach Abrah a. S. Clara in Solenau bei Wien. „Etliche haben sich umbweilen ihnen aller Weg zum Fliehen abgeschnitten, retirirt in das Todtbein Hauß auff dem Freydhoff, worin sie ungeacht so vieler und manigfaltiger Nachstellung etliche Wochen sich aufgehalten und nur zuweilen bei nächtlicher Zeit behutsam herausgekrochen, da und dort einige Lebensmittel gesucht und solche wieder mit sich in die Todten-Retirada genommen und erst nachdem der christl. Erbfeind das Fersengeld gegeben, sind sie aus ihrem Todten-Hauß heraus Gott dankend umbweilen sie durch die Todte das Leben erhalten." — Das Schloß Pitten südlich von Wr.-Neustadt widerstand den Türken und gab Vielen hinein Geflüchteten Schutz. — In der Veste Starhemberg bei Piesting fanden angeblich — 11000 Menschen Zuflucht. —

Die feindlichen Sklavenjäger hatten sogar zur Aufspürung der flüchtigen Opfer abgerichtete Hunde. Vom 17. Juli bis Mitte August wurden fast täglich Streifzüge unternommen. Bis Ybbs und Lilienfeld dehnten sie ihre Züge aus und schleppten über 40.000 Seelen in die Sklaverei. „Durch das tartarische Geschmeiß ward Alles beunruhigt, es streifte bis an die Enns, fast bis Linz." Der Schrecken pflanzte sich nach Baiern und Schwaben fort. Viele Tausend Stück Hausthiere, Pferde, Schafe, Rinder, Schweine, oft Alles kunterbunt durcheinander, wurden in die Wälder getrieben. Der im türkischen Lager gefangen gehaltene kais. Resident meldet unterm 21. Juli, daß die Barbaren aus dem Tullnerfeld Raub und Sklaven bringen '— er hofft aus dem Lager nach Mautern und Stein Briefe durchzubringen. Die Gefangenen wurden bei den Arbeiten vor Wien erbarmungslos behandelt. Wie viele mochten in den Laufgräben von den erbitterten Janitscharen niedergesäbelt in den Minen vergraben, von ihnen emporgeschleudert, oder an den gefährlichsten Posten arbeitend von den Geschoßen ihrer Landsleute selbst getroffen worden sein! Den 16. August, lautet eine Nachricht, hat der Großvezier 4000 Wägen nach Ofen, um Proviant und Munition in das Lager zu bringen, geschickt, „auf welchen Wägen die Türken eine unzählbare Menge Weiber, Knaben und Mägdel auf besagtes Ofen führen lassen, welche Christen dann von da auf griechisch-Weissenburg (Belgrad) zu Wasser und folgends weiter in die Türkei hinein geschickt werden sollen." Später wird eines 2. solchen Transports gedacht. Damit man, heißt es, den Gefangenen keine Nahrung zu geben habe, wurden die Arbeitsfähigen, 20,000, ostwärts in die Sklaverei geschickt, die andern aber getödtet. Innerhalb der Mauern der Favoriten auf der Wieden soll ein solches Morden stattgefunden haben, sollen die Kinder, um sie schnellstens zu morden, bei den Füssen gepackt und mit dem Kopf gegen die Wand geschlagen worden sein. Die an Ketten oder an die Schweife der Pferde gebundenen Gefangenen mußten alle Arten Pein und Marter ausstehen. — Bat ein fast Verburstender um ein bischen Wasser, so wurde er gepeitscht, in 3, 4 und mehr Tagen bekam er nicht einen „Brosamen" ja man saugte mehr als halbverfaulten Schafköpfen das Hirn zur Labung aus. Mit Knaben und Mägdlein von 8 und mehr Jahren trieben die Barbaren Unzucht, so daß viele zu Krüppeln wurden oder starben. „Ach" lautet eine wahrhaft erschütternde Nachricht wie mit viel tausend Thränen, Seufzern hebten die trostlosen Mütter mit ihren arm — verlassenen Kindern die Händ gegen den Himmel heulend, seufzend, und weinend auf mit herzinniglicher Bitt' der Allerhöchste im Himmel wolle sich doch ihrer erbarmen und dies bestialische Volk strafen." — Vor Hainburg lagen (6. — 8. Juli) die Türken 3 Tage. Schon haben die zur Gegenwehr entschlossenen Bürger 2 Stürme zurückgeschlagen und nicht wenige Feinde getödtet, das 3. mal siegten sie nicht, die wüthenden Janitscharen überstiegen die Stadtmauer und machten Alles nieder und steckten den Ort in Brand. In 2 Schiffe hatten sich nicht wenige Bürger gerettet, — sie konnten nicht fort, denn es fehlte ihnen an Rudern — inzwischen säbelten die Türken Alle nieder und warfen sie in die Donau; beide Schiffe waren so mit Blut angefüllt, daß man bis über die Fußknöchel im Blute stand." —

Die Tartaren erstiegen am 7. Juli den Leopolds- und Kahlenberg und steckten die Leopoldskapelle und das Kamaldulenserkloster in Brand. Sofort stürmten sie auf Klosterneuburg ein, aber der Laienbruder Ortner bewaffnet Einwohner und Klosterdiener, leitet die Befestigungsarbeiten und wirkt so begeisternd, daß Alle, Frauen und Kinder zusammenwirken, daß die Anfälle und Stürme abgeschlagen wurden; wobei aber untere Stadt und Wienervorstadt in Flammen aufgingen.

Das Schrecklichste geschah am 17. Juli in Perchtoldsdorf. Vom 9. bis 15. hatten die tapferen Marktbewohner viele Stürme abgeschlagen. Am 15. erschien ein größeres Korps und schleuderte Brandkugeln und Pechkränze in den Markt. Bei einem Ausfall wurden alle Ausfallenden niedergemetzelt. Die Uebermacht war sehr groß, Pulver mangelte, und doch ergaben sie sich nicht, zogen sich vielmehr in Kirche und Thurm zurück. Sogleich wurde vom Feind der preisgegebene Markt angezündet, der Untergang stand Allen bevor! Da der „Feind versprochen hatte" ihnen am Leben nichts zu thun — sogar eine Sicherheitswache wurde ihnen zugesagt, — haben sie dem Feind in Gottesnamen aufgemacht. „Zwei Herren vom Rath sind hinaus um den Feind die gehörige Reverenz zu machen." Dem Pascha wurden auf Abschlag der vereinbarten 4000 fl. ein Theilbetrag von 2000 fl. und 70 Ducaten gegeben. Zum Essen wurden den Türken Fleisch, Geflügelwerk, Brod und Käse hinausgetragen. „Und wie sie genug gefressen hats geheißen: das Gewöhr her" die ganze wehrhafte Mannschaft mußte sich bei der Kirche rechter Hand aufstellen. Dies geschehe, wurde dem Mißtrauischen ironisch erklärt, um zu beurtheilen, wie stark die ihnen versprochene Salvaguardia sein müsse. Den noch nicht Beruhigten, sich ungern von den Waffen Trennenden wurde spöttisch bemerkt, die Salvaguardia werde sie beschützen — sie haben keine Waffen nöthig. — Den Zögernden oder Widerwilligen wurde die Waffe mit Gewalt entrissen, mehrere wurden sogar mit Gewalt an den Haaren herausgerissen.

Links war der Feind aufgestellt, „jeder einen Säbel an der Seiten und ein Häckel oder Zackan in der Hand." Alle wurden durchsucht, Alles wurde ihnen abgenommen, ihnen „nicht einmal ein Messer im Sack gelassen." Jetzt wollten sich der Marktrichter und einige Bürger in die Kirche retten, aber unter der Kirchenthüre ward der Bürgermeister niedergehauen. Man nahm von einander Abschied, weil man meinte, der Feind werde sie nach Wien bringen, und sie dort zum Sturm oder Schanzen gebrauchen.

„Als sie nun gesehen, daß wir Mannesbilder schon völlig aus der Kirche heraus, gabe ihr Oberster ein Zeichen mit der Hand gegen die Türken worauf sie uns angefallen und sehr erschröcklich zugehaut, also, daß bei dieser gar grausamen That, wo erbärm-

lich geschrien, einer auf den andern gefallen. Das Gemetzel dau=
erte über 2 Stunden. 3500 lagen hingeschlachtet da. Alle in der
Kirche befindlichen, — Weiber, Kinder, Pfarrer und Kooperator
wurden in die Sklaverei geschleppt, nie mehr hat man von diesen
Unglücklichen etwas gehört.

Eine unbeschreibliche Menschenmenge flüchtete sich nach
Lilienfeld.

Die Lilienfelder, wohl mit Stücken, Waffen und Munition
versehen, beschlossen, zu bleiben. Abt Kollweis und Landgerichtsver=
walter Wäschletisch erklärten, bei dem Stift zu leben und zu ster=
ben. Sofort wurden alle, die "zu den Waffen tüchtig" waren, zu=
sammengerufen, mit Wehr und Waffen und Munition versehen.
Lilienfeld, Hainfeld, die Arraburg und Kaumberg wurden besetzt.
Viele Bürger aus Baden und andern Orten hatten sich anfangs in
diese Orte und später weiter, sogar nach Salzburg und Tirol, ge=
flüchtet. Von den Lilienfeldern ward an diesen Orten zu verschie=
denen Malen der Feind mit "Doppelhacken und Musqueten" abge=
trieben. Wie aber die Feinde "je länger, je stärker angeflochen"
kamen, mußten auch sie dem allzustarken Feind gegenüber zurück=
weichen.

Nur die Arraburg wurde nicht aufgegeben. Sie ist jetzt eine
der interessantesten Burgruinen, bei Kaumberg inmitten eines Hoch=
waldes; sie ist wohl die höchst gelegene Burgruine Oesterreichs.
Die Landleute hatten sich in die Berge und Wälder geflüchtet, aber
die Feinde stiegen über die höchsten Berge, drangen in die Wälder
und trieben die wehrlosen Leute aus ihren Verstecken, um sie zu
morden, zu verstümmeln, oder in die Sklaverei zu schleppen. Eines
Tages kamen etliche den Türken Entwischte mit blutigen Köpfen
nach Lilienfeld. Und nun wurden alle Pässe mit spanischen Reitern
versetzt, Blockhäuser, Brustwehren errichtet und Verhaue in den
Wäldern gemacht. Auch die Feinde säumten nicht. Mit unbeschreib=
licher Geschwindigkeit kamen sie von den höchsten Bergen herab und
hervor und machten einen grimmigen Ueberfall. Die in der Umge=
bung des Klosters vertheilte Besatzung wurde zurückgezogen und am
12. Juli mit der Verpalissadirung des Klosters, mit der Errichtung
von Wagenburgen, Besetzung der Vertheidigungswerke begonnen.

Als sich am 18. eine feindliche Schaar näherte, rückten die
Lilienfelder ihr entgegen, erschossen Einen, worauf die Uebrigen
flohen. Auch am 23. wurden etliche Türken erschossen. Am 19.
wurde vom Feinde Eschenau niedergebrannt. Am 21. trafen die
Lilienfelder den Feind beim Mittagsmahl und bei der Beutetheilung;

angegriffen ergriff der Feind die Flucht und ließ den Lilienfeldern eine sehr ansehnliche Beute zurück.

Noch befand sich auf dem wolkennahen Schloße Arraburg eine große Anzahl Leute mit 2 Geistlichen. Schon ging ihnen Munition und Proviant aus. Da schlug sich am 23. Juli eine kühne Schaar von 150 Lilienfelder durch die Feinde, befreite die Arraburger aus ihrer Noth und kehrte mit ihnen durch das vom Feind unsicher gemachte Land, etliche Türken erlegend und mit Beute beladen, nach Lilienfeld zurück.

Am 25. ward ein Ausfall auf den Feind in der Nähe der Ebene gemacht und wurden bei 15 Türken erlegt.

Am 29. Juli vollbrachten sie ein kühnes Husarenstückchen. 300 Schützen mit etlichen Geistlichen suchten den Feind bei Klein-Zell auf. Von der Kluft eines Felsens sahen sie plötzlich einen dicken Rauch aufsteigen und hörten ein großes Getümmel und Geheul. Die Barbaren bemühten sich eben, die armen Landleute aus der Kluft, worin sie sich verborgen, durch „stinkenden Rauch und Dampf hervorzutreiben."

Auf der Höhe unweit der Kluft lagerte ein großer Schwarm Türken eben beim fröhlichen Schmause. Die Lilienfelder „gesegneten ihnen das Essen und Trinken dergestalt mit einem blauen Hagelwetter, daß viele todt blieben."—Nach dem ersten Schreck erholten sie sich und feuerten, mußten aber flüchten.—Von den Lilienfeldern verfolgt geriethen sie den Hohenbergern und St. Jilgern „ins Garn" und mußten 60 auf der Wahlstatt lassen." 3 türkische Fahnen, sehr kostbare Waffen, seidene, sammtene, goldgestickte Kleider, „so der Feind den Christen abgenommen," erbeuteten sie; auch nahmen sie 3 Türken gefangen; einer von ihnen bot 2000, ein anderer 1000 Dukaten als Lösegeld an. „Was aber das mehreste war, haben bei 200 Christen durch diese Action ihren Befreiungsstand erhalten."—Die Lilienfelder zogen die feindlichen Leichen bis auf die Haut aus, und legten sie „ausgestreckter nach der Reihe auf die Heerstraßen," welches „grausame Spektakul" nach Verlauf etlicher Tage eine neu ankommende feindliche Partei dermassen bestürzt machte, daß sie eilends die Flucht nahm. Am 30. Juli war Lilienfeld der Schauplatz eines seltenen Schauspiels, nämlich des „siegprangenden Einzugs" der Lilienfelder.

An die 900, mit Einschluß der befreiten Christen, zogen in Reih und Glied zu Fuß und zu Pferd ein. Voran die Vornehmsten in türkischen Pelzen und dergleichen Kleidern, mit den erbeuteten Fahnen, „blutrinnenden Säbeln" und andern Waffen,—Pferde und

Leute mit so viel Beute beladen, als nur getragen werden konnte, mit 18 auf türkischen Waffen aufgesteckten Türkenköpfen unter lustigem Trompeten=, Trommel= und Pfeiffenschall!

Das Lösegeld wurde für die gefangenen Türken nicht angenommen. Die Lilienfelder liessen ihnen vielmehr durch den Gerichtsdiener die Köpfe abschlagen, die Häute abstreifen, und selbe hernach zu steter Gedächtniß „ausarbeiten."

Am 3. August griffen 160 Mann den Feind „herzhaftig" an, wurden aber von den anfangs zurückweichenden, dann plötzlich umkehrenden Feinde mit solchem Ungestüm überfallen, daß die Lilienfelder wie Schafe zerstreut und „niedergemetzgert" wurden. Am 3. August rannten auch gegen 600 Türken das Schloß Kreisbach an und bedienten sich der Pferde als Sturmleitern, mußten aber mit Verlust abziehen. Am 4. versuchten die Türken Wilhelmsburg zu nehmen, wurden aber abgetrieben und verloren bei 15 Mann.

Am 5. lief „Zeitung" ein, daß der Feind bei Lilienfeld, wenigstens 7000 Mann stark, lagere. Man meinte allgemein, es gelte nun Lilienfeld. Alles griff zu den Waffen. Schon riethen einige mit Sack und Pack in die Steiermark abzuziehen, nicht Wenige aber, darunter Geistliche, waren entschlossen eher zu sterben, als zu flüchten.

Auf alle Vorstellungen erwiderte der muthige Abt Kollweis „fürchtet euch keineswegs, der Gott, welcher allezeit die Seinigen zu beschützen weiß, lebet ja noch, so weiche auch ich nicht von dannen."

Und Lilienfeld blieb wirklich verschont. Alle umliegenden Herrschaften wurden ausgeplündert. Mit schwerer Beute beladen zogen die Feinde unweit von Lilienfeld durch das Thal über Kaumberg, nicht ohne etliche Feuersbrünste zu veranlassen.

Erwähnenswerth ist das Gefecht vom 19. 200 Mann wurden einer feindlichen, von den Eschenauer Bergen heranziehenden, mit Beute beladenen Türkenschaar von circa 150 Mann entgegengeschickt. Sieh da, — der Feind war aber 1000 Mann stark! Unter Anführung eines bairischen Offiziers sind die Lilienfelder wie der Blitz in den Feind „eingebrochen," inzwischen sprengte ein Offizier um Munition und Succurs nach Lilienfeld, langte mit 19 Mann an, aber man war dem Feind gegenüber doch zu schwach. Man schickte 100 erbeutete Pferde und 100 befreite Christen voraus und zog nach. Auf Seite der Feinde sind wenigstens 150, auf Seite der Lilienfelder 20 geblieben. Während des Treffens hat sich ein Theil der Türken in den „Türnitzer Marktgraben gewagt", um die Häuser dort auszuplündern. Die Türken wurden aber von der Türnitzer Besatzung niedergemacht.

Wäre der „Lilienfelder Eckstein" nicht so wacker dem Feind entgegengestanden, so würden die Barbaren zweifelsohne das Herzogthum Steiermark mit Feuer, Mord und Schwert heimgesucht, und alle die nicht durch die Schärfe des Schwertes umgekommen, mit sich in die „strenge mohamedanische Jochschaft geschleppt haben."

Um St. Pölten wurden sehr viele Orte verbrannt, sehr Viele in die Sklaverei geschleppt. In Melk zeichnete sich Abt Müller an der Spitze der bewaffneten Bürger und Stiftsunterthanen aus.

Der am rechten Donau-Ufer gelegene Theil von Niederösterreich ward von den Barbaren sengend, brennend und mordend durchzogen, nicht so aber das linke Ufer. Der düsterste Schauplatz des unsäglichsten Jammers war die Umgebung Wiens. „Der tartarische Raub- und Verwüstungsschwarm machte es fast um kein Haar anders, schreibt ein Zeitgenosse, als wie es in etlichen Morgen- und Mittagsländern die Heuschrecken zu machen pflegen, welche mit solchen dicken Schaaren, davon die Sonne fast ganz verfinstert wird, daher flügen und in kurzer Zeit ganz Länder kahl machen. Sie rafften viel tausend arme Christen mit sich hinweg und ließen nichts hinter sich als Verwünst- und Verderbung."

Seit Herzog Karl v. Lothringen die Leopoldstadt verlassen, lagerte er mit seiner Armee bei Stammersdorf und am Fuß des Bisamberges. Er bildete so eine feste Schutzmauer für das Land am linken Donau-Ufer. Von dort sendete Lothringen Kundschafter nach Wien, dort empfing er Nachrichten aus Wien, am Bisamberg flammten die von Wien sehnsuchtsvoll erharrten Feuersignale. Des obersten kaiserlichen Heerführers Blick umfaßte nah und fern, war nach Ost und West, nach Süden und Norden gerichtet. Unverwandt hielt er hier seines kaiserlichen Herrn und Schwagers Residenz, seine Vaterstadt im Auge, schaute sehnsuchtsvoll nach dem von Ferne, aus Polen erwarteten Hülfsherr unter König Sobieski.

Am 17. Juli sendete er den Feldzeugmeister Leslie nach Krems, welches von General Dünewald besetzt war. Mehrmals versuchten die Türken diesen wegen des Donauüberganges auf der Brücke wichtigen Ort in Besitz zu bekommen.

Am 21. Juli erschien eine nahmhafte Anzahl Türken in der Umgegend von Krems, sie hatten über 3000 gefangene Christen bei sich. Dünewald griff sie an, nahm ihnen ihre Gefangenen ab, und über 800 blieben auf dem Kampfplatz.

Nach Tulln wurden Cürassiere und etwas Infanterie zur Deckung gesendet. In der Nähe von Tulln hatten die Türken bis 17. August ein Lager für 15000 Mann. Alle übrigen Orte Niederösterreichs, vorzüglich Wiener-Neustadt und Klosterneuburg, wurden mit einer Besatzung versehen. — Gegen den 20. Juli war Emerich Tököli „Oberanführer der ungarischen Mißvergnügten" mit 14000 Mann Ungarn und 6000 Türken durch das Waagthal gegen Preßburg herab gerückt, welches ihm freiwillig die Thore öffnete. Vergebens suchte Tököly, den Kommandanten des von den Kaiserlichen vertheidigten Schloßes daselbst zur Uebergabe zu vermögen. Der im Rathe ruhige Lothringen enteilte sturmschnell seinem Lager nach Preßburg, nur ein kleines Korps zurücklassend, um den Uebergang der Türken auf das rechte Ufer zu hindern. Preßburg „darinnen Tököly nur eine einzige Nacht als König gewesen" öffnete über nachdrückliche Aufforderung die Thore, die darin befindlichen Türken und Rebellen wurden gefangen genommen, die Besatzung des Schloßes wurde verstärkt. Tököly und die Türken wurden geschlagen und weit verfolgt. — Tököly hat dafür gehalten, daß es „sehr gefährlich sei, in eine Schlacht sich einzulassen, er maß die Schuld der Niederlage dem „Baßa Hussein" zu, „dieser gienge gar zu hitzig den Christen entgegen, hingegen die Christen griffen den Baßa mit unverzagtem Muth an und fügten ihm nicht kleinen Schaden zu."

Viele feindliche Leichen bedeckten die Wahlstatt, ein Theil der Feinde kam in der Donau um. Lothringen kehrte zurück und nahm seine vorläufige Stellung bei Marchegg. Sofort drangen Tököly's Schaaren über die March, um das Land zu verheeren, um sich mit den Türken zu vereinen, Lothringen aus seiner vortheilhaften Stellung am Bisamberg zu verdrängen, die Vereinigung Lothringens mit den aus dem Norden erwarteten Polen zu verhindern. Tartarenhorden werden am rechten Donau-Ufer aufwärts, gegen St. Pölten dirigirt, der Rücken Lothringens erscheint bedroht. Die Feinde suchten vergebens auf das linke Donau-Ufer zu kommen. Nichts irrt den genialen Lothringen. Wieder schnell entschlossen entsendet er ein Korps gegen die Taborbrücke, den Donau-Uebergang der Türken vereitelnd, sammelt er seine Reiter, sein Fußvolk stürzt sich mit geistig hochüberlegener Kraft und löwenmuthig auf den an Truppen überlegenen Kuruzzenkönig Tököly und wirft ihn auf das linke Marchufer zurück.

Und nun blieb Lothringen, um neuen Einfällen und Verheerungen im Marchfeld ein Ziel zu setzen, um die Vereinigung mit dem Polenheere zu ermöglichen, dagegen die Vereinigung der Ungarn mit den Türken hintanzuhalten, geraume Zeit an der — March stehen.

So bildete die kleine Heldenschaar Lothringens eine historisch höchst denkwürdige Wacht an der March und an der Donau für Wien, das deutsche Reich, die Christenheit.

August 1683.

Eine Sonntagsruhe gabs nicht. Am 1. August, einem Sonntag, stürmten die Türken viermal die Gegenböschung vor dem Burgravelin. Das 1. mal griffen sie mit Pfeilschützen, das 2. mal mit dem Säbel in der Hand, das 3. mal mit Lanzen und Spiessen, das 4. mal mit Handgranaten an. Jedesmal war der Liebe Mühe umsonst. Am 2. August versuchte der Türke die Stadt in Brand zu stecken, er warf Feuerkugeln und in brennenden Schwefel getauchte Pfeile in die Stadt. Die Feinde hatten Schiffe herabschwimmen lassen, damit sie sich an den Jochen der zerstörten Schlagbrücke stauen und so eine Brücke bilden. Schiffleute und Fischer zerstörten im Verein mit einigen Bürgern in der Nacht 10—12 dieser Schiffe, verloren aber durch das feindliche Feuer 2 ihrer muthigen Genossen. Men bekämpfte sich auf Leben und Tod nicht bloß über der Erde, sondern auch unter der Erde. Der Mine der Feinde arbeitete die Gegenmine der Christen entgegen. Abends ward eine bis unter die feindlichen Laufgräben gelegte Mine mit 400 Pfund Pulver angezündet. Sie richtete sehr bedeutende Zerstörungen in den Laufgräben an. Man hat eine große Menge der Feinde Leiber, Beine und „Arme in die Luft fliegen gesehen." Man ließ eine Mine mit solchem Effekt springen, daß viele Türken „die gerne in der Stadt gewesen wären, mit der Erde in die Lüfte marschiren mußten." Starhemberg war über den Erfolg der Mine so erfreut, daß er den Anleger der Mine umarmte.

Endlich am 3. August errangen die Türken den ersten, aber kleinen Erfolg mit großen Opfern. Nachdem sie nämlich 4mal zurückgeschlagen worden waren, blieben sie bei einem erneuerten Angriff im Besitz der Spitze der Gegenböschung vor dem Burgravelin. Der Kampf um die Stelle der Gegenböschung, wo die Türken endlich Posto gefaßt hatten, wüthete ununterbrochen fort, sie konnten nicht daraus vertrieben werden. Den Versuchen aber, von da aus weiter vorzudringen ward am 5. mit besonderer Ausdauer widerstanden. Starhemberg war hierüber sehr erfreut, und hat „auch die geringsten Musquetirer mit höchster Leutseligkeit als Bruder angesprochen." Das anscheinend wirre, aber planvoll angelegte Netz-

werk von Laufgräben, Verbindungsgräben ꝛc. reichte von der Burgbastei bis zum Ravelin vor dem Schottenthor. In der Nacht des
6. drangen die Türken 3 mal gegen die Löwelbastei vergebens vor.
Der Feind in der Gegenböschung und zwischen zwei Feuern, warf Erde
und Gräben auf, um in die Tiefe zu kommen, warf Erde in großer
Menge in den Graben vor dem Burgravelin, um sich einen Weg
zum Sturm zu bahnen. — Er kam plötzlich in großer Menge auf
verborgenen Wegen, aus unterirdischen Gängen, in den Graben,
wurde aber, nachdem eine große Menge Feinde auf dem Platz geblieben
und auch viele Vertheidiger „ihr Leben ritterlich gelassen" aus dem
Graben zurückgeschlagen. An einem der nächsten Tage flog die
stärkste der bisherigen türkischen Minen auf, wovon „auch die Türken
selber ziemlich in den Lüften haben müssen herumtanzen." Mit
den Pallisaden flogen auch 5 Soldaten in die Luft; einer davon
ward bis auf die Burgbastei hinaufgeworfen."

Der Feind hatte schon in die 5 Wochen fortwährend gegraben.
Endlich erreichte er mit einer großen Mine die Spitze des Burgravelins, durch sie ward hierauf das vorderste Eck des Ravelins bis
zum 1. Abschnitt mit solcher Stärke emporgesprengt, daß „die halbe
Stadt erbebete und erzitterte." Darauf, schreibt Feigius, „probete"
der Feind einen 2stündigen Sturm „ward aber durch unsere mann-
hafte Gegenwehr und immerwährendes Kartätschen-Schießen mit
Verlust der seinigen 2500 zurückgeschlagen."

Der beschädigte Ravelin wurde von den Vertheidigern binnen
3 Stunden zur Vertheidigung wieder hergestellt.

Minen flogen ohne Unterlaß, manche mit solcher Gewalt, daß
rings Alles erbebte. Was aber nicht erbebte, nicht erschüttert ward,
waren Herz und Muth der heldenmüthigen Vertheidiger Wiens.

Aber endlich sehnte man sich doch wieder nach einer Nachricht
über die versprochene Hülfe. Man suchte einen Kundschafter, der den
Gang durch das Türkenlager, also damit auch sein Leben — gewagt
hätte. Da meldet sich ein Bürger — ein Krämer und Schankwirth
der Leopoldstadt, Namens Georg Koltschitzki. Er diente in der Freikompagnie des Bürgerhauptmannes Frankh, meist aus Wirthen bestehend.

Es war der 13. August 11 Uhr Nachts. Das nächtige Dunkel
ward von einem heftigem Gewitter durchtobt. Da verließen Koltschitzki und sein Diener Georg Michaelowitz durch das versteckte
Ausfallthürchen und die Pallisaden außer dem Schottenthor, die
Stadt. Tags sah er allerorten eine unzählige Menge Zelte. Er
wußte nicht, welchen Weg er einschlagen sollte, um glücklich durch-

zukommen. Beide waren türkisch gekleidet. Da ritten und gingen hin und wider Türken. In türkischer Sprache sang Koltschitzki „ein lustiges Liedl." Ein Aga fragte: wohin, er antwortete Weinbeeren und andere Früchte wolle er sammeln.

Inzwischen ward ohne Unterlaß gekämpft und an der Befestigung Wiens gearbeitet. Auf den Bollwerken und Wällen wurden neue Abschnitte gemacht, Erde nämlich aufgeworfen und mit Palisaden besetzt, damit die Besatzung dahinter sicher verborgen liegen könne, Arbeiten die größtentheils von der Bürgerschaft verrichtet wurden. Ein jeder Abschnitt war von dem andern in einer bestimmten Entfernung und höher als der andere davor liegende gebaut. Ward also ein Abschnitt überrumpelt, so fand der Feind neue Arbeit, ward in dem neuen Quartier von den Obern „so warm gehalten," daß er über Hals und Kopf das Weite suchen mußte. Auch bei der Ausbesserung des Cavaliers der Löwelbastei — ein neues erhöhtes Befestigungswerk um die Umgebung, zu beherrschen — arbeiteten die Bürger mit und waren dabei nicht wenig den Granaten und Steinwürfen der Türken ausgesetzt, wobei sogar welche getödtet oder verwundet wurden.

Am 15. hatte sich der Feind in den Graben vor der Löwelbastei eingearbeitet und daselbst festgesetzt. Nächsten Tags ward ein Ausfall gemacht, der Feind aus dem Graben gejagt, der Grund eben gemacht, am Abend aber liefen die Türken, um den vorigen Posten zu gewinnen, sehr stark an, wurden aber wieder geworfen; endlich bemächtigten sie sich der vielumworbenen Stelle und bemühten sich das herzustellen, was ihnen zuvor zerstört ward. Wieder ward bei einem Ausfall der Feind aus dem Graben geschlagen, seine Arbeit verwüstet, Wollsäcke, Schanzkörbe, Gallerien, Austäfelung in den Laufgräben in Brand gesteckt und die Gräben mit Erde völlig zugeworfen.

„Ungeachtet aller unserer standhafter Gegenwehr, schreibt ein Zeitgenosse „hat sich der Feind nach Mitternacht an den vorigen Ort in dem Graben, woraus er zum 3. mal hinausgeschlagen, wiederumb eingelagert und verarbeitet." Der Stadt-Unterkämmerer mußte Fäßer mit Oel, Pech, Harz, Unschlitt, Pechkränze, in Pech getauchte Schindel der abgebrochenen Hausdächer und Brennholz herbeiführen, damit man diese Gegenstände anzünden und in den Graben werfen könne, sobald die Türken wieder im Dunkel herankämen. — In der Nacht des 14. steht die ganze Bürgerwehr in Bereitschaft. Da sieht man bei Stammersdorf ein Feuer — Koltschitzki ist also glücklich ins christliche Lager jenseits der Donau

gekommen ist, es ist das Signal, welches er anzuzünden versprochen hatte! Am 17. dauerte das Schießen des Feindes die ganze
Nacht und den ganzen Tag. Um 4 Uhr Früh kamen Koltschitzki
und Michaelowitz zurück und brachten ein Schreiben des Lothringen
worin das baldige Eintreffen eines Hilfsheeres verkündigt wird.
Niemals, heißt es darin, wird man einen Ort von solcher Wichtigkeit dem Feinde preisgeben, täglich kommen Hilfstruppen aus
Baiern, Franken und Sachsen, nur die polnische Armee wird noch
erwartet, aber längstens bis Ende August müsse sie eintreffen, um
sodann mit vereinten Kräften zum Entsatz herbeizueilen. Um 9 Uhr
Früh ward sofort ein Ausfall in den Graben vor dem Löwel gemacht, „aber ohne Nutzen, in dem die Unserigen wegen der aufpas-
senden großen Menge Türken zurückweichen mußten." Die Türken
rückten zum Sturme heran, doch wurden sie durch die beispiellose
Tapferkeit der Vertheidiger mit großem Verlust zurückgetrieben.
Der 18. August brachte dem Oberst Dupigny und seinen Tapferen
den Heldentod.

Sie fielen aus, um die Türken aus der Spitze „des ganz
zerschelleten Burgravelins" herauszutreiben, in Wahrheit aber um —
leider! nie wiederzukehren! Von den 50 Ausfallenden sind „auff
die 40 Gemeine geblieben und beschädigt worden." Auch ihr Anführer Oberst Dupigny fiel. „Nachmittag gegen 6 Uhr ließen die Türken abermals eine Mine an der Spitze des attaquirten Ravelins
springen, durch welche sie den Boden weiter aufgesprengt und all-
sobald mit großer Furi zu stürmen angefangen; faßten auch in
der Mitte des Ravelins am Abschnitt Posto, allwo sie viel Wollsäcke und Schanzkörbe angebracht auch 10 Fahn aufgestecket und
sich schon Ellentief verschanzet hatten. Allein unsere Granatirer
hielten sich nebenst allen andern so tapfer, daß der Feind nach
2stündigem scharfen Gefecht, mit Verlust 300 der seinigen zurückgeschlagen worden. Ingleichen haben auch die Niederlager — Kauf-
und Handelsleute — auß denen Burgfenstern mit ihren gezogenen
Feuerröhren und Doppelhacken den Türkischen Sturm-Lauffern nicht
kleinen Schaden beigefügt." Die Kauf- und Handelsleute wirkten
damals entscheidend mit. Schritt für Schritt wurde dem Feind strei-
tig gemacht. Nicht ein Zoll breit ward den Vertheidigern abge-
rungen ohne blutigste Kämpfe; jedesmal, sagt Starhemberg, wo
sie mit dem Degen in der Hand sich einzunisten versuchten, sind sie
mit solchen Verlusten zurückgetrieben worden, daß sie nicht wagten
den Kopf aus ihren Löchern und Arbeiten herauszustecken. Unsere
Leute, sagt Starhemberg, haben keine Furcht vor den Türken

und, Gott sei Dank, 30—40 von meinen Leuten haben immer mehr als 100 Türken geschlagen und hinausgetrieben. Am hartnäckigsten und ausdauerndsten bekämpfte man sich gegenseitig am Burgravelin. Am 19. heißt es: „Vormittag umb 7 Uhr verschütten wir durch eine Mine an der Spitze des attaquirten Ravelins über 100 Türken." — Wieder wird der Feind aus seinem Posten am Burgravelin herausgetrieben.

Wieder sehnte sich die Stadt in ihrer äußersten Bedrängniß nach einer Hoffnung und Trostspendenden Nachricht über das Eintreffen des Entsatzheeres. Aber Koltschitzki wagte ein zweitesmal den Gang nicht mehr. Wahrscheinlich ist er beim 1. Gang erkannt oder verrathen worden, oder glaubte mindestens nicht ohne Grund, erkannt zu sein. Wer wars nun, der den 2. Gang wagte? Der nicht fürchtete, mit verrathen worden zu sein, obgleich er mit Koltschitzki den 1. Gang wagte? Es ist ein Mann, dessen Name neben Koltschitzki bisher nichts galt, ja nicht einmal genannt und gekannt ist. Alle Welt weiß von Koltschitzki, — Niemand weiß von Michaelowitz! Ja, Georgius Michaelowitz, Koltschitzkis und der Stadt Wien allezeit getreuer und todesmuthiger Diener wars, der am 19. August den lebensgefährlichen Weg durch das ungeheure feindliche Heerlager zum 2 Male wagte.

Unterm 20. meldet Feigius, daß in der Früh eine türkische Mine am Burgravelin sprang, „wodurch 13 Soldaten von uns verschüttet wurden, jedoch aber seynd 11 wiederumb unbeschädigt hervorgekrochen. Hingegen sind auff die 50 Türken barauffgegangen, weilen die Mine zurückgeschlagen hat." In den Laufgräben der Türken erscholl freudige Musik. Es kam die Nacht, — und mit ihr eine Freudenbotschaft. Am Bisamberg strahlte das Feuersignal des Michaelowitz, und freudestrahlend ward überall verkündet, Michaelowitz sei wieder glücklich ins christl. Lager gekommen! „Den 21. schickte der Feind auß seinen Stucken und Feuer-Mörsern der Statt ein erschröckliches Ungewitter zum Morgen-Gruß! Zum Frühstuck aber ließ er umb 8 Uhr brauff gegen der Löwelbastei wieder eine Mine springen, zwar ohne Stürmung."

„Den 22. wurde sowohl von Uns, als von dem Feind, mit Canoniren, Stein- und Bomben-Werfen den ganzen Tag durch nicht gefeyert. Der Kampf um den Burgravelin dauert ohne Unterlaß fort. Eine christliche und eine türkische Miene fliegt auf.

Von den angegriffenen Bollwerken wurden Nachts angezündete Pechkränze und Schwefelpfannen in den Stadtgraben und hierauf wurde Holz geworfen, um das Feuer zu unterhalten, man wollte, daß der Feind nicht unbemerkt nachen könne, daß er „im Graben, Wühlen und Miniren" verhindert werde. — „Sonsten sind die Unsere diese Nacht zu dreyen mahlen von der Burg-Pastei in den Graben ausgefallen und haben dem Feind nicht allein 2 Gräben zugezogen, sondern ihn auch völlig auß dem Graben geschlagen." Graf Guido von Starhemberg hat „8 Türkenköpfe in die Stadt gebracht." In der Erbitterung geschahen schon Grausamkeiten. Am 22. geschah es mehrmals, daß gefangene Türken von den Truppen lebendig geschunden wurden.

Der Burgravelin gleicht bereits einem Maulwurfshügel. Die vordere Spitze ist schon eingestürzt. Trotz allem Stürmen, Miniren und Canoniren hatten die Türken bisher nicht festen Fuß fassen können. Aber endlich bemächtigte sich der Feind doch — „ungeachtet unserer standhaften Gegenwehr", wie ein Belagerter schreibt, eines Theils des Ravelins, des 3. Theils. Der Feind ließ eine Mine springen, um sich einen Weg zu machen, und sich „wie ein Maulwurf und Dachs in die Erde einzusenken." Vergebens wurde gegen die übrigen Theile des Ravelins der Minenkrieg fortgesetzt, vergebens die Pallisaden anzuzünden gesucht, vergebens ein mörderisches Feuer eröffnet, — die Vertheidiger wichen nicht, sie antworteten mit einem Musketen und Granaten-Feuer. Es hieß die Türken, wollen unter den Kellern der Burg einen Gang in die Stadt machen; nun mußten in den Kellern die Hellebardirer patrouilliren. Alle Gassen nächst der Löwelbastei wurden mit Vorziehketten versehen. — Michaelowitz kam mit der „höchst erfreulichen Zeitung, daß sich eine mächtige Armee von unterschiedlichen Völkern zu Crembs zusammenziehe, die Statt in kurzer Zeit zu entsetzen." Man hat „zum Losungszeichen, daß der Kundschafter glücklich zurückgekommen, 6 Raggeten auff dem St. Stefans-Thurm in die Höhe steigen lassen."

Theuerung, Noth und Krankheit lasteten sehr schwer auf der unglücklichen Stadt. Anfangs hatte die Ruhr die in den Gassen gelegenen mittellosen Leute dahingerafft, später griff sie weiter um sich und in höhere Kreise hinauf. Täglich sterben jetzt mehr als 40 an der Ruhr. „Nicht wenig half dazu der große Schrocken, Kummerniß und Betrübniß der Leuth, so des Einsperrens nicht gewohnt." Der Preis des Rindfleisches war jetzt ungeheuer gestiegen. Schon mundete manchem das — Dachwildpret — eine auf den Dächern erlegte Katze. „Die Katzen, schreibt ein Augenzeuge — sind von den Soldaten hin und wieder aufgefangen, auf den Gassen öffentlich anstatt der Hasen gebraten und für einen halben Gulden gekauft worden." Nach Huhn wurde ein frisches Ei „umb einen halben Thaler bezahlt."

Schon dauerte die Belagerung mehr als 6 Wochen, die Nahrungsmittel waren schlecht, das Commißbrod verdorben, unausgebacken, das Fleisch faul, stinkend, sogar Pferde, Esel und Katzenfleisch nahmen sehr ab. Auf den Straßen lagen die Kranken, Verwundeten und Todten herum, das von den Ruhrkranken abgegangene Blut, das in die Gassen geschüttete Blut vom geschlachteten Vieh, todte Pferde, Unflath steigerten bei der Augusthitze den Gestank. Die Spitäler sind überfüllt, manches Regiment zählt bloß 2 Hauptleute mehr. Das Schrecklichste droht: ein Mangel an — Granaten, — Bomben — Kanonen. Und trotzalledem keine Entmuthigung, weder bei den Soldaten, noch bei den bürgerlichen Vertheidigern Wiens. Die Führer aller Grade gehen mit heroischem Beispiele voran. Starhemberg erklärte, bis auf den letzten Blutstropfen sich zu wehren, sich eher in Stücke hauen zu lassen, als sich gefangen zu geben. Und wie Starhemberg — das größte Muster heroischer, kühner Ausdauer — schwur und handelte, — also handelten — Alle. —

Am 24. wurde unter dem Burgravelin eine sehr große Mine der Türken entdeckt. — Sie soll bereits 7 Klafter lang darunter fortlaufen. In einer Tiefe von 9—10 Fuß stieß man auf die Feinde, — welche, überrascht und bestürzt, so schnell die Flucht ergriffen, daß sie all ihr Minirzeug liegen ließen. — Nachts lief der Feind „mit größter Furi auff das Burgravelin an, wie er dann auch wirklich mit Pfeiffen und Paucken droben gewesen und sich allda einlagern wollen. Es haben aber die Unsern ihn in einem 2stündigen Gefecht nicht allein weit über 200 Mann erlegt, sondern ihn auch mit Granaten, Kartätschen, Sensen und Musqueten dergestalt abgetrieben, daß ihn weder zu Pauken noch Pfeiffen weiter gelüstet."

Vom Unterkammeramt wurden nun täglich 40 — 50 Klafter Brennholz auf die Burg- und Löwelbastei gebracht, damit man beim Stürmen des Feindes große Feuer anzünden könne. Am 25. wurde ein Ausfall in den Graben der Löwelbastei mit 300 Mann beschlossen. „Als sie nun durch die heimbliche Ausfäll hinauß waren und der Feind Löwen-muthig angriffen, fand man den Feind an Vollskräften überlegen." Es wurden 100 Mann Succurs herangezogen, „worauff dann dieser Löwen-muthige Obriste (Herzog von Würtemberg) die Soldaten zum Fechten dergestalt angefrischet, daß dem Feind nicht allein die Approschen eingeworfen, die Schanzkörbe und Wollsäcke seynd verbrennet worden, sondern der Feind habe auch seine erste Batterie mit Verlust 300 Mann verlassen müssen." Auf der Courtine zwischen Löwel- und Burgbastei wurde

ein neuer Abschnitt für den Fall gebaut, als endlich doch die Burgbastei von den Türken erobert würde. Am 26. ließen die Türken
in der Früh und Abends wieder eine Mine am Burgravelin springen, beidemale probirte er einen starken Sturm, wurde aber durch
unseren tapferen Widerstand gar bald mit nicht kleinem Verlust
zurückgeschlagen." — Am 27. geschah in den Graben vor der Burgbastei ein Ausfall. Des Feindes Kessel am Ravelin — wo sie sich
tagszuvor in der gesprengten Mine zu verbauen angefangen —
waren stark besetzt. „Wetleu aber Unsere auf besagte Kessel einen,
in welchem über 100 Türken gewesen mit Kartätschen, Doppelhacken und Musqueten stark feuerten, auch mit Bomben und Handgranaten darauff wurffen, daß keiner heraußzusteigen sicher war ;
als haben endlich die Ausfallenden diesen Kessel mit des Feindes
Schauffeln selber völlig zugedecket, daß nicht ein Mann lebendig vom Feinde davon kommen sey." Schauerliches Kriegsbild.

Der von Hochmuth bethörte, am baldigsten Erfolg nicht zwei-
felnde Großvezier C. Mustapha war über den bisherigen Mißerfolg
peinlich überrascht. Der Sultan war darüber unzufrieden, daß die
Belagerung sich so lange hinziehe, daß der Großvezier nicht vor
seinem — Zug nach Wien zuvor Raab und Komorn genommen hatte.
Während der Sultan im Lusthaus zu Belgrad täglich der Nachricht
vom Falle Wiens entgegensah, mußten seine Sklaven unausgesetzt
miniren und stürmen, und immer wieder über Ströme vergossenen
Blutes, über Haufen Leichen zurückweichen.

Wie der Sultan, so zürnte auch der Großvezier. Die Janitscharen sind bereits schwierig geworden. Viele Tausende dieser Tapfersten unter den feindlichen Heerschaaren sind bereits todt. Sie
sind nicht mehr Willens, länger in den Laufgräben zu verharren,
„weilen sie vor einer Vestung nicht länger als 43 Täge zu dienen
schuldig wären, und weilen nunmehr dieselbe Zeit allbereit ver-
flossen und sie dennoch keine Versicherung die Statt zu erobern gehabt haben." Auch v. Hammer, der Autor einer Geschichte
der Türken, schreibt, daß nach türkischem Kriegsgebrauch keine Belagerung über 40 Tage dauern soll.

Der Großvezier streute die Lüge aus, der Christenkaiser sei
eines jähen Todes gestorben. Der türkische Feldprediger wieder, re-
det ihnen vor, nur bis 29. sollen sie bleiben, „indem der Tag des
H. Johannis Enthauptung allemal für ihr Volk höchst glückselig
bißhero noch gewesen wäre." Dieser 29. ist der Tag des angeblichen
Vorläufers ihres Propheten. Die Janitscharen bleiben. Heute hat

der Türke seine Bettstunde, — „so er eine Zeit hero mit Schießen unterlassen" gehalten. Er hat „das Allah! Allah! Allah! an allen Orten und Enden durch sein ganzes Lager so hoch angethönt, daß es wohl erschienen: als erzitterte Himmel und Erden von solchem erschröcklichem Heulen und Geschrei." Diese Freiheit zum Allahgeheule hatten die Sklaven. Man glaubte Gott zu dienen, wenn man ihn, watend in Strömen mörderisch vergossenen Menschenblutes, wie einen kannibalischen Götzen anheult! — In Wien stand man die ganze Nacht in Kampfbereitschaft unterhielt man auf den gefährlichen Posten beständig das Feuer. Auf dem St. Stefansthurm ließ man 10 Uhr Nachts gegen 40 Raketen steigen „zum Losungszeichen dem Herzogen von Lothringen, daß man des Entsatzes mit Schmerzen erwartete." Wieder unternahm es der des größten Lobes, der größten Auszeichnung würdige Michaelowitz die Briefe des Starhemberg für die bedrängte Stadt durch die Feinde zum Herzog v. Lothringen zu bringen. Am 28. wieder Minensprengung am Burgravelin, wieder Sturmlauf, wieder Sieg der Vertheidiger. „Zwar hat er sich hierauf in dem Graben an der Statt-Mauer derogestalt eingegraben und verdecket, daß man ihm mit unserem Geschütze nicht mehr beikommen kunnte." Wieder stiegen Nachts Raketen empor, „welche inbrünstig umb die Entsatzung anhielten." Gerüchtweise hieß es, es wären die Türken mit einem Minengang bereits unter der Stadt angekommen. Allen Hausbesitzern wurde in ihren Kellern besondere Wachsamkeit und auf jedes verdächtige Klopfen zu horchen, befohlen. Wieder leuchtete am Bisamberg das trostspendende Zeichen, daß der brave Michaelowitz „mit den Brieffen in unserem Lager glücklichen angelanget."

Denkwürdig ist jeder Tag der Belagerung, aber der 29. der Tag der Enthauptung Johannis, ist „gemeiniglich der Tag wo die Türken was Hauptsächliches fürzunehmen pflegen." An diesem Tag flogen eine solche Menge Kugeln gegen den Stefans- und Minoritertthurm als wollten die Türken sie über einen Haufen schießen." Der Burgravelin glich bereits einem zerwühlten Ameisenhaufen. Gegen 10 Uhr Vormittag ließ der Feind am letzten Abschnitt „deß so lang bisher gemarterten Ravelins" eine Mine springen, und „fehlete umb ein gar weniges, daß es nicht dadurch den letzten Herz-Stoß bekommen, indem uns nur ein kleiner Platz mit Pallisaden versetzter übrig blieben, allwo die Granatierer dem Feinde absonderlich kunten Schaden zufügen."

3—400 stürmende Türken wurden mit Kartätschen, Spießen und Sensen zurückgetrieben. Zum Lärm des Kampfes gesellten sich Donner und strömender Regen. „Alle Mannsbilder, welche Waffen zu führen tüchtig waren" mußten in Bereitschaft stehen, „sintemahlen man sich besorgete, der Feind möchte einen Generalsturm proben." In den Kirchen ward gebetet. Der Bischof von Wiener-Neustadt, Kollonitz, hat sich sehr große Verdienste um die Stadt erworben. Er machte freiwillig die Belagerung mit. Seine Verdienste aufzuzählen ist ebensowenig Zweck dieser Arbeit, als die Namen und Verdienste Aller jener zu erwähnen, die sich verdient machten. Es sei nur erwähnt, daß Kollonitz durch solche Personen „so ohnedieß zum fechten wider den Feind untauglich waren auß eigenen Mitteln Hembber, Schuhe und Strümpfe machen ließ und damit diejenigen Soldaten versah, „so Tag und Nacht auf den gefährlichsten Posten mit dem Feind zu fechten ihre Zeit zubrachten." Weiters mußten jene, die nicht kämpften, Vordächer über Gewölben und Hausthoren abschlagen, Schindeln in Pech tauchen, Pechkränze machen ꝛc.

Am 30. lief der Feind Nachts „zu dreymalen an dem schier in letzten Zügen liegenden Ravellin vergebens Sturm." „Sonsten wurd heut denjenigen, welche das Pulver zu schmecken und das Sausen der Stuck-Kugeln zu hören bißher noch nicht gewohnt waren, indem sie sich kaum einmal auß denen sichern Gewölbern zu gehen getrauet haben", befohlen, die Waffen wider den Erbfeind alsobald zu ergreifen, widrigens sie an den Galgen gehencket werden." Oft schon warf der Feind glühende Kugeln, Bomben, brennende Pfeile in die Stadt, um sie in Brand zu stecken. Es glückte ihm nicht. Alles Menschenmögliche war geschehen, um der Feuergefahr zu begegnen. Schindelbeckung wurden abgebrochen, Sand, Erde, Dung auf den Boden gebracht, Wasser und Löschmannschaft standen bereit ꝛc. Weil am 30. viele Feuerkugeln in die Stadt flogen, mußten die Hausbesitzer nicht nur Wasser auf die Dachböden, sondern auch in die auf den Gassen vertheilten Bottiche, Kübel und in die Bassins schaffen.

Am 31. ließ der Feind eine Mine am Ravelin und vor der Burgbastei springen „suchte aber dadurch ihme nur den Weeg in den Graben besser zu machen." Der Feind hat es vorzüglich auf die Zerstörung und Unschädlichmachung der Burg- und Löwelbastei abgesehen. Hieburch sollte es ihm möglich gemacht werden, in dem weiter zurückstehenden, beide Basteien verbindenden Wall (Kourtine) durch Minensprengungen eine große Bresche zu öffnen, zu stürmen und ins Herz der Stadt zu bringen. In der Nacht geschah zu beiden Seiten des Ravelin ein Ausfall und wurde der Feind wieder aus dem Graben geschlagen. Elliche von der Freikompagnie — meist Wirthe — sind ausgefallen und trafen etliche Türken in einem

Keller, ihnen haben sie „die Zeche so theuer gemacht, daß sie solche mit ihren eigenen Köpfen zahlen müssen." Michaelowitz kehrte wieder glücklich zurück, dießmal auf einem — türkischem Pferd. Auf der „Rück-Reise" hieb Michaelowitz einem Türken, als er allein mit ihm war, — den Kopf ab, schwang sich auf sein Pferd und kam Abends in die Stadt geritten. Der dem Tod so kühn ins Antlitz schauende Michaelowitz brachte der seiner ängstlich harrenden Stadt Wien eine frohe Botschaft. Lothringen ließ durch ihn den Wienern melden: nur noch ausharren, mit Gott! nur noch kurze Zeit ausharren!

Aber auch im türkischen Lager wird gepredigt, noch auszuharren. An diesem Tag, heißt es, kündigten die Janitscharen in den Laufgräben von der Burgbastei den Gehorsam auf und schickten sich zum — Abzug an. Ein Prediger ihres Glaubens soll sie bewogen haben, doch noch einige Tage zu bleiben.

Auf beiden Seiten drängt das dunkle Geschick zum letzten Kampfe, zur — blutigen Katastrophe.

Außer Wien.

Endlich kamen die Polen unter Sobieski durch Mähren und das B. U. M. B. immer näher. Nun war für Lothringen die Zeit gekommen, die Vereinigung mit ihnen zu verwirklichen. Den Vorschlag des Kaisers, Ende Juli, das linke Donauufer von Krems bis Preßburg so zu verwahren, daß der Feind auf dieser Strecke nicht mit Schiffen übersetze, keine Brücke schlage, auch nicht die Wiener Brücke reparire—hätte bisher Lothringen nahezu durchgeführt. Er zieht am linken Donauufer aufwärts gegen Stetteldorf, gegenüber von Tulln. Nun galt es die Vorbereitungen zur Schlagung einer Brücke über die Donau nach Tulln zu treffen, sich vorzubereiten zum Empfang der Hilfstruppen.

Aber kaum hatte Tököly den Abmarsch Lothringens erfahren, als er wieder verstärkt mit einer gewaltigen Schaar Tartaren die March überschritt und verheerend bis gegen Wolkersdorf zog. Auch der Pascha von Großwardein zog über die March. Auch der Großvezier sendete Truppen auf das linke Donauufer. Ohne die Vereinigung mit Tököly abzuwarten, rückte der Pascha, vereint mit den vom Großvezier gesandten 4000 Türken, vor.

Kühn wagte er sich weit vor. Aber noch kühner und schneller war Lothringen. Mit ganzer Macht warf er sich sturmschnell auf den unbedachten Pascha und schlug ihn aufs Haupt. Das türkische Heer stob auseinander--der Pascha ward gerettet, er schwamm über die Donau. Kaum hatte Tököly von dieser Niederlage erfahren, als er sich eilig wieder über die March zurückzog. Hören wir den Bericht eines Zeitgenossen aus Wien: Am 24. hat der Feind sowohl überaus sehr stark kanonirt, als viel Bomben, Stein und Feuerkugeln eingeworfen, auch bei frühem Morgen fort und fort über die Donau gesetzet und die Pferde neben den Schiffen schwimmen lassen, worauf er umb 9 Uhr angefangen zu brennen und sind in wenig Stunden Langen-Enzersdorf, Stammersdorff, Eipelbau, Kogeran, Sauring, Ebersdorff, Gerersdorf und andere Flecken und Dörffer mehr in die Aschen geleget worden. Es wäre auch das ganze Marchfeld daraufgegangen, wenn nicht zu allem Glück die auf Crembs marschirenden Pohlakische Horden die von Brand rauchenden Oerther in Acht genommen, sich in höchster Eyl gegen den Mordbrennern gewendet und der Herzog von Lothringen mit der kaiserl. Militz zurückgegangen wäre, und dem Feind vorgebogen hätten. Jedoch ist hiebey anzumerken, daß der Feind ziemblich stark gewesen, alldieweilen der Bassa von Waradein zu Gran mit viel tausend Mann über die Donau in Meinung dem Herzogen von Lothringen unversehens einen guten Streich zu versetzen, gegen dem Marchfeld gegangen. Dahero ist es auch geschehen, daß er die Pohlnischen Truppen, welche in dem Angreiffen gar zu hitzig waren, und die Teutschen nicht erwarteten, nicht allein flüchtete (in die Flucht schlug) sondern auch über die 300 Mann darnieder machte. Aber der resolute Herzog von Lothringen brauchte sich dieses Vortheils, dann hinter Stammersdorf liesse er in einem Waldel die bei sich habende Feld-Stucke pflanzen, und die Cavallerie dahinter stellen; wie nun die Pohlacken in besagtes Wäldel, denen unser Hinterhalt nicht unbewußt war, die Flucht genomen und der ganze Türkische Schwarm ihnen Sporn-Streich nachsetzte, hat der Herzog denselben zwar bis fast an die gepflanzten Stücke annahen lassen, aber er bewillkommete die neuen ankommende ungebetene Gäste aus groß und kleinem Geschütze mit einem solchen Blitz- und Donnerwetter, daß nicht allein alsobalden viel Türken dem Machomet dardurch seynd aufgeopfert worden; sondern der enennte Bassa auch augenblicklich eine andere Resolution zu fassen und mit denen seinigen das Fersengeld zu geben gezwungen wurde. Worauff dann die gesambte christliche Militz den Feind mit einem stetswährenden niederschiessen und hauen biß an die Donau, allwo zu vorherr schon die Brücken sind abgetragen worden, verfolgete, und völlig in die Donau jagte, was also vom Feinde nicht schwimmen kunte, ist alles ertrunken, und haben die Christen bei dieser herrlichen Victorie 25 Standarten, zwei Paar Heer-Paucken wie auch noch andere große Beuth überkommen."

Nun war die große Aufgabe am Bisamberg gelöst. Rebellen und Türken hatten am linken Donauufer gegen Lothringen **keinen Erfolg** errungen. Von nun an stand der Vereinigung mit den Polen und Deutschen nichts mehr im Weg. Aber noch ist viel zu thun, noch stehen dem Großvezier übermächtige Streitkräfte zur Verfügung, nur wenige Meilen ist Tulln von Wien entfernt. Leicht könnte er sich noch der Städte Tulln, Mautern und Stein bemächtigen, Brückenschlagung und Donauübergang hindern oder verzögern. Und Wien? Es könnte inzwischen, bereits aus tausend Wunden blutend, zu Tode getroffen zu den Füßen des schwarzen (Cara) Mustapha, des beturbanten Barbaren, liegen!

Schon Dezember 1682 schrieb Graf Jörger, ein treuer Diener des Kaisers und Schwiegersohn des Gf. Starhemberg, daß die Donau gar leicht von den Türken bei Krems gesperrt werden könne.

Kaiser Leopold schrieb Ende Juli 1683 dem Lothringen, daß für die Erhaltung der Brücke bei Stein Sorge getragen werden müsse, indem, wenn es zum Entsatz kommt, die Armee doch wahrscheinlich auf das rechte Ufer übergehen müsse. Ende Juli hatten Kaiser und Lothringen den Plan des Uebergangs auf das rechte Donauufer über die Donau bei Stein festgestellt. Von Westen und Norden rückten die Hülfstruppen heran, ihnen wurde die Direktion des Marsches auf Krems gegeben. Die wackern Baiern waren die ersten, die bei Krems eintrafen. Endlich—31. August war der Polenkönig in Hollabrunn eingetroffen. Einer der Ersten, der bei ihm dort erschien war die „Kriegsgurgel" Fürst von Waldeck, ein großer deutscher Kriegsheld, ein kais. Feldmarschall. Sobieski lud ihn ein zu verweilen. Aber dem deutschen Kriegshelden war jeder Augenblick kostbar, unschätzbar. Er schlug die Einladung Sobieskis aus. Waldek eilte fort, um seinen wackeren Deutschen, Franken und Schwaben zu befehlen, eiligst von Linz bei Tag und Nacht herab zu marschieren. Noch wissen die Türken nicht, oder wenigstens wollen sie nicht daran glauben, daß der Polenkönig eingetroffen ist. Als den Vereinigungspunkt der christlichen Streitkräfte hatte Lothringen die Stadt Krems an der Donau bestimmt. Die Wichtigkeit dieser Stelle für den Uferwechsel ward auf kais. Seite allgemein anerkannt. Die Versuche der Türken, sich der Ortschaften oberhalb des Wienerwaldes zu bemächtigen, waren von keinem Nachdruck und geschahen mehr um der Beute willen.

Wie, wenn die Türken, die Wichtigkeit von Tulln, Mautern und Stein endlich erkennend oder nicht so mißachtend wie bisher, eine reguläre mächtige Truppenzahl zu militärischen Zwecken entsendeten, um sich dieser Orte zu bemächtigen? Kann nicht viel Zeit verloren gehen und Wien mittlerweile doch unterliegen? Auch bei der 1. Türkenbelagerung 1529 waren vom deutschen Reichsheer nur 100 Reiter und 14 Fähnlein in Wien eingetroffen, das Heer selbst gelangte bis Krems und blieb da stehen. Längst schon war das Hülfsheer der Sachsen über die sächsisch-böhmische Grenze gerückt.

Am 3. September befand sich der Polenkönig in Stetteldorf bei Absdorf. Auf dem Weg durch das V. O. M. B. und nach Krems erfuhr der seine Sachsen führende Churfürst Johann Georg, daß der Herzog von Lothringen bereits in Stetteldorf sei. Auch er eilt nun nach diesem winzigen Ort. Vom Kaiser wurde der Präsident des Hofkriegsrathes, Markgraf Hermann v. Baden, nach Stetteldorf entsendet. Der Churfürst von Baiern, unentschlossen im Kabinet aber sicher im Hagel der Geschosse, sendete den Feldmarschall Degenfeld nach Stetteldorf. „Die Kriegsgurgel" Fürst Waldek war auch da. Ueber Dinge von außerordentlicher Wichtigkeit für große Reiche, für die Civilisation, sollte nun in diesem Oertchen großer Kriegsrath gehalten werden.

Es wird ein Plan angenommen, als dessen geistiger Urheber der landeskundige Lothringen zu gelten hat. Es ward beschlossen, daß die Hülfstruppen aus Deutschland die Donau bei Krems-Stein, die Kaiserlichen und Polen dagegen die Brücke bei Tulln zu überschreiten haben. Die Ebene um Tulln ward zum Sammelplatz des gesammten Entsatzheeres bestimmt. Weiters ward beschloßen, nicht den Wienerwald zu umgehen, um von Süden her gegen Wien vorzubringen. Die Bedrängniß Wiens hatte die höchste Stufe erreicht, sie erheischte den Vormarsch auf dem kürzesten Wege. Dieser kürzeste Weg ist aber der beschwerlichste, er führt ostwärts über all' die Höhen, durch als die Schluchten des Wienerwaldes.

Am 5. September zogen sämmtliche Reichstruppen, Sachsen, Franken und Schwaben über die Brücke bei Stein. Als die Sachsen in Krems beim Wiener-Thor einzogen, waren auf einem Rondel bei diesem Thor „etliche 70 Türken und Tartarenköpfe nebst 3 roth und weißen Fähnlein aufgesteckt, so hin und wieder in denen Scharmützeln von denen Kaiserlichen niedergemacht und dahin gesendet worden." Oberhalb Stein „ist eine hölzerne Brücke über die Donau" gebaut, auch nicht sonderlich verwahret, indem, wenn man hinübergehet, reitet und fährt, es in continuirlichen Schwanken geschicht." Die Kaiserlichen und Polen zogen vom linken Ufer bei Tulln auf 3 Brücken auf das rechte Ufer. Dieser Uebergang war noch beschwerlicher. Unter der großen Last und wegen des stark geschwellten Stromes brachen mehrmals diese Brücken.

Die Kaiserlichen zählten etwa 20.000, die Polen ebenfalls etwa 20,000, die Sachsen 11000, die Baiern 10.000, die Franken und sonstigen Deutschen 9000 Mann, also circa 70,000 Mann mit 168 Geschützen. Eine Armee in solcher Anzahl und von solchem Glanze sah die Christenheit wohl sehr selten beisammen. Den Glanz der Armee vermehrte ein junger Mann von unscheinbarem Aeußern. Bescheiden wie sein Muster — der große Lothringen — kämpfte er freiwillig mit. Die Todeswunde seines Bruders bei Petronell mochte er nicht vergessen haben. Es war Eugen, Prinz von Savoyen,—der größte Türkenbesieger, dessen Genie und allgewaltiger Heldenarm für immer die Weltmacht des Osmanenthums brach.

Aber noch steht es in der Macht des Großveziers, dem Vormarsche der Armee solche gewaltige Hindernisse zu bereiten, daß Wien doch mittlerweile in seine Klauen fallen könnte.

Hören wir, was im September in Wien vorging.

Vom 1. bis 11. September 1683.

Obwohl während der Belagerung kein Tag verging, an dem die Bevölkerung Wiens ruhig aufathmen konnte, obwohl gegen Ende August die Bedrängniß sehr groß war, stieg sie doch im September aufs Höchste. Die Stadt zeigt ringsum die Verheerungen des Geschützkampfes, der Minen, der Ausfälle, der Stürme. Ueberall beschädigte Gebäude oder Trümerstätten. An den „Anmeisenhaufen" des Burgravelins, an die Stein- und Erdhaufen der Burg- und Löwelbastei schließt sich dicht ein Labyrinth von Gräben, wie ein Stück eines zerrissenen Spinngewebes. —

„Den 1. September canonirte der Feind nicht allein sehr stark sondern warf zugleich auch viel Bomben und Steine ein."

Weil man sich bei einem Ausfall „in Vernaglung zweier Carthaunen etwas zu lang aufgehalten, haben sich die Türken versammelt und von Unseren mehr dann 100 darnieder gemacht." Die Palissaden des Feindes wurden an 2 Orten in Brand gesteckt. In der Nacht kam der Feind über den Graben des „Löwel" und fing da, sowie an der Burgbastei, zu miniren an, „unangesehen, daß unsere ihn mit Bomben-, Stein- und Feuer-Werfen zu verhindern sich eyffrigst bemüheten." Wieder gab man durch Raketen vom Stefansthurm der höchsten Bedrängniß weithin leuchtenden Ausdruck. Wie fernes Wetterleuchten sollten sie das Herannahen der schrecklichsten Stunden des Kriegsungewitters, die verzehrende Sehnsucht Aller nach dem Entsatzherr verkünden. Am 1. gieng wieder Michaelowitz in einer stürmischen Nacht durch das feindliche Lager. Zum 4. mal wagt er den Gang, um dem Herzog von Lothringen das dringendste Ersuchen um Beschleunigung des Entsatzes, um den Wienern Trost zu bringen;

Endlich naht auch die letzte Stunde für einen Platz, der in der Geschichte der Belagerung wohl die oberste Stelle einnimmt, für — das Burgravelin! Mit Abschnitten, einer vielfachen Reihe von Pallisaden, mit einer Menge der besten Geschütze war es beschützt. Größeren Schutz aber boten der unvergleichliche Muth und die unerhörte Ausdauer der Vertheidiger. Das Burgravelin war so zerschossen, zerwühlt, durchlöchert, daß es einem Maulwurf= einen Ameisenhaufen glich. Nicht mehr menschliche Kraft wars, welche diesen Platz zu schützen schien, — die Türken nannten ihn deßhalb den Zauberhaufen. —

Wohl an keiner Kampfesstelle ist der Boden so durch und durch mit Blut getränkt worden wie hier. Und noch immer wird heldenkühn gekämpft. Mit unglaublicher Hartnäckigkeit setzten die Türken Miniren und Graben fort und waren hiedurch dicht vor die Kourtine herangekommen. „Ungeachtet auch, daß wir fort und fort auf ihn feuerten, steckte er dennoch Unsere negst dem Löwel gestandene Kaponern gegen 10 Uhr (Nachts) in Brand, bekahme auch das Burgravelin auff beiden Seiten dergestalt in seine Klauen, daß Unsere kaum noch einen solchen Spitz inhatten, worauff 50 Mann stehen kunten; und obwohlen nun Herr Haubtmann Heistermann Ordre bekommen, wann der Feind mit grosser Furi anlauffen solte, sich mit der Mannschaft zurückzuziehen, so ist er dennoch bis zur Zeit der gewöhnlichen Ablösung darauff stehen blieben, hat aber 20 Mann (!) eingebüsset. Der kleine Platz war also heldenmüthig von einer kleinen Schaar todtverachtender Männer vertheidigt. Aber endlich schlug doch das Sterbestündchen für diesen ewig denkwürdigen Ort. Kaum ward am 3. Nachmittags Heistermann von Hauptmann Müller abgelöst, so hat — Müller — „durch einen Pfeil sein Leben ritterlich endigen müssen. Weilen nun die Türken auch dieses kleine Oerthel, wo die Unsere stunden zu untergraben allbereit anfingen, und in die Luft zu sprengen gedachten: als wurden die unsere abzuziehen gezwungen." Sofort führten die Türken 2 Mörser und 2 Kanonnen auf, mit denen sie in derselben Nacht noch in die Stadt schossen. Die Wiener blieben im Kanoniren nichts schuldig. Man nahm wahr, daß der Feind in der dicken Mauer der Löwelbastei und der Burgbastei arbeite, an ersterer Bastei an 5 Stellen.— Nun rückte man dem, Löwel- und Burgbastei verbindenden

Walle — der Kourtine — an den Leib. Nachdem die tapfern Studenten bereits Vormittags ausgefallen waren machten sie Nachmittag mit „Dupignischen Reitern wieder einen Ausfall, wobei 22 Ochsen erbeutet wurden, welche Starhemberg für die kranken und verwundeten Soldaten aushacken ließe."

„Gleich hierauf fielen die Studenten nochmalen (also ein 3.mal) aus, bekahmen zwei Türken gefangen und erschossen einen großen Ochsen, den sie mit Lunten hereingeschlöpffet."

Am 4. ließ der Feind an der Burgbastei eine Mine springen „davon nicht allein die h a l b e S t a t t e r b e b e t e sondern auch ein Stück Mauer auff 5 Klafftern lang zerschmettert und in den Graben gefallen; worauff gleich ein grausamer Sturm erfolgte, welcher anderthalb Stunden währte, dann über 4000 Mann lieffen an, steckten etliche Fahnen auff, und waren mit einer großen Anzahl Wall-Säcken und Schanzkörben versehen. Dannoch aber geschahe dem Feind nicht allein mächtiger Widerstand zumahlen der Herr Commandant, Herr Graff von Capliers, Herr Graff von Daun, Herr Graff Sereni, Herr Graff Souches, Herr Graff von Schärffenberg, der Hertzog von Würtemberg und andere Obristen zugegen waren; sondern es wurden auch die Kartätschen und Canonen nicht gespahret." In der ganzen Stadt verbreitete sich der größte Schrecken, schon fürchtete man, es werde endlich doch die K r a f t d e r V e r t h e i diger e r l a h m e n. Schon sind 2 Roßschweife von den Türken oben aufgepflanzt, aber diese voreiligen Zeichen des Sieges müssen weg, die Türken müssen herab und zurück. —

„Die Soldaten feyerten auch nicht, die ausgesprengte Lucken (Bresche) mit Schranken, Spanischen Reitern, Ballen, Sand- und Grund-Säcken alsobald wiederumb zu verwahren, daß sich der Feind endlich zurückziehen und bei 500 Mann dahinden lassen müssen." Der Feind setzte seine Arbeit stark fort „dem aber Unsere an Embsigkeit nichts n a c h g e g e b e n, maßen sie die die größten P r e ß B ä u m e auß den P r e s s e n hervorgezogen die D a c h s t ü h l abgetragen und damit die schadhaften Pasteyen theils befestiget, theils Abschnitt darauß gemacht. Anstatt der Schanzkörbe hat man etliche Balken zusammengefüget und bei dem Fügen Löcher gemachet, damit man dadurch schiessen können. Imgleichen hat man von dicken Holz ganze Wände zusammengefüget und auff Räder gestellt, die man anstatt der Palissaden zu allem Nothfall gebrauchet.

Weilen nun die Türken heut mit vielen blutigen Köpfen a b ziehen müssen, als haben sie aus Verbitterung bei ihrer B e t t Stunde auß groß und kleinem Geschütze mit einem erschröcklichen

Donner-Wetter den erlittenen Schaden zu rächen, uns **bedrohen wollen**, man antwortete ihnen aber mit einem grausamen Canon und Carthaunen-Schaal, dadurch anzudeuten; daß man ihren **Hochmuth und tolle Kühnheit mit noch viel härteren Stößen zu züchtigen entschlossen** sei. Hierauf wurde dem Herzogen von Lothringen abermal durch viel steigende Raggeten ein erkäntliches Zeichen gegeben, wie daß der Succurs **augenblicklich höchstens vonöthen** wäre."

„Den 5. hat der Feind mit denen **allerschwersten Stucken** geschossen." Es entluden sich ungewöhnlich große Mörser, deren Bomben 4—5 Zentner schwer waren. Abends lief der Feind gegen die Burgbastei Sturm, „wurde aber bald mit einer langen Naasen abgefertigt; zumal die anrennenden Türken mit Sensen, Feuer-Röhren, Haacken und Morgensternen so bewillkommt worden, daß sie zur Erden gesunken und das Aufstehen vergessen." Starhemberg ließ die Schanzarbeiter noch durch 300 Mann der Bürgerschaft vermehren und während der Nacht **unaufhörlich** gegen das Burgravelin feuern. Das Bombardement, das Andringen des Feindes werden immer heftiger, immer drohender.

Bald heißt es, der Feind schoß so stark wie noch nie während der ganzen Belagerung, bald wieder: ein solches Donnerwetter, dergleichen man bisher noch niemals gehört," so daß man schon am 2. „sich besorgete, er würde darauff einen Gen.-Sturm fürnehmen."

Am 6. flog eine so gewaltige türkische Mine an der Löwelbastei auf, daß sie die 24' dicke Mauer 6 Klafter lang „über einen **Haufen warf**." Sogleich rannte ein ungeheurer Schwarm Türken an. Starhemberg stand mit seinem Stab an der **Spitze der Heldenschaar**. Die Bresche war derart, daß die Stürmenden nur einzeln über Gestein und Mauertrümer klettern mußten. Nun wurde mit Kartätschen in den dichten Schwarm der Anrennenden „so erschröcklich gefeuert", daß er sich, um dem Gemetzel, dem Querfeuer zu entkommen, eiligst zurückzog. 1500 ließ er auf der Wahlstatt zurück. — Die „gesprengte Lucken" ist gleich wieder verwahrt, — zur Nacht sind allenthalben die Abschnitte verbessert und neue Batterien gemacht worden. Daß es schon **Verzagte** gab, bei denen die Hoffnung auf das endliche, rechtzeitige Eintreffen des Entsatzheeres verschwunden war, — ist begreiflich. — Aber siehe da! Auf einmal steigen um die Mitternachtsstunde 5 Raketen vom Gipfel des — Kahlenberges auf! Der Succurs ist's! Die Hoffnung der Verzweifelten belebt sich. Freudig läßt man als Antwort vom Stefansthurm 5 Raketen steigen. Wirklich wars ein Zeichen vom herannahenden Succurse!

Der Herzog von Lothringen hatte nähmlich, stets eingedenk der außerordentlichen Bedrängniß Wiens, in theilnehmendster Fürsorge eiligst den Oberst Heißler auf den Kahlenberg vorausgesandt, um dem verzweifelnden Wien den Trost des endlich heranrückenden Entsatzheeres zu spenden! Aber die Hülfstruppen sind doch noch ferne, bei Tulln, bei Krems und Stein an der Donau!

Und inzwischen fährt, wie eine Nachricht lautet, der Großvezier fort, wie der Teufel vor dem jüngsten Gericht gegen die Stadt zu toben und zu rasen, — um sie endlich doch vor dem Eintreffen des Entsatzheeres in seine Gewalt zu bekommen!

Unterm 7. wird berichtet, daß der Großvezier die General=Musterung über sein angeblich „mehr als 160,000 Mann" starkes Heer vorgenommen hat. Nach einer anderen Meldung zählten sie noch immer an 200,000 Mann. Es zählte um den 4. Theil weniger Kämpfer! Großartige Verluste! Der außerordentlich habsüchtige Großvezier beschloß nun, was ihm gewiß außerordentlich schwer fiel. Alle die Schätze, die er in der erstürmten Stadt, in der künftigen Haupt= und Residenzstadt seines Reiches, seines Paschaliks zu finden und sich allein anzueignen gedachte, — beschloß er, seinen Horden preiszugeben. Die plünderungssüchtigen, raubgierigen Barbaren jubelten!

Auch die Besatzung Wiens war sehr zusammengeschmolzen; schon war etwa die Hälfte derselben todt oder krank. Und diese kleine Schaar harrte noch immer unentmuthigt aus im heiligen Kampfe gegen eine kolossale, angeblich 10fache, Uebermacht aus. Es hagelt feindliche Geschoße gegen die Wälle. Die Kourtine wird aus einer neuen Batterie in der Gegenböschung furchtbar bearbeitet. Die Burg ist bereits von den Kugeln ganz durchlöchert und fast einer Ruine ähnlich. Und obgleich der letzte große Augenblick mit dem fürchterlichsten Ernst immer näher rückte, war doch noch immer in der Stadt viel Gesindel, welches sich versteckt hielt, sich den Teufel um jeden Aufruf kümmerte, — den Proviant aber getreulich mitverzehren half. Diese Leute waren es, — also nicht Wiener=Bürger — derentwegen der Befehl erfloß, sie aufzusuchen, und in Güte oder mit Gewalt in eigene Kompagnien einzureihen. — Um den gesunkenen Muth der Seinen zu heben, log der Großvezier ihnen allerlei dummes Zeug vor, z. B. Tod des Kaisers, große Zwietracht zwischen Militär und Bürger, Uebergabsgeneigtheit der Bürgerschaft. Nichts verfing mehr recht — er beschloß also Hab und Gut und Leben der Wiener den stürmenden Barbaren preis=zugeben. Denn bisher mochte immerhin der dummstolze Großvezier an der Möglichkeit des Eintreffens eines hinlänglichen Entsatzheeres, insbesondere des **rechtzeitigen**, gezweifelt haben; aber jetzt gabs für den Wahnbefangensten wohl keinen Zweifel mehr — das Entsatzheer rückt heran! Der Minenkrieg nimmt immer größere Dimensionen an, und der Türke gewärtigt, doch einmal den Widerstand der braven Soldaten auf der Burg- und Löwelbastei zu brechen. An der Burg und Löwelbastei springen am 8. zwei Minen der Türken, wieder fällt ein Stück Mauer an der Löwelbastei. Abermals stürmt der Feind unter gräßlichem Geschrei, die Mauerlücke ist aber eng, 2 Stunden lang wird erbittert gekämpft, endlich wurde doch der Feind „mit Kartätschen und tapferen Gegenwehr mit Verlust der Seinigen abgetrieben."

Dupigny'sche Reiter „alle mit Helmen auf dem Haupte und Brustharnischen wohl verwahrt" eilten herbei, die eindringenden Türken wurden von ihnen niedergesäbelt, zusammen geritten und in die Bresche blutig wieder zurückgeworfen.

Alles weist darauf hin, daß sich das Schicksal der Stadt bald entscheiden müsse. Aber Starhembergs Worte, daß er sich bis auf den letzten Blutstropfen wehren werde, waren kein eitles Gerede. Alles Bisherige bewies, daß des Kommandanten Worte die Worte eines — Helden, fürchterlichster Ernst waren. Und auch die Bürgerschaft unterließ nichts, was nicht darauf hinwiese, daß auch sie im Kampfe auf Leben und Tod bis zum allerletzten Augenblick ausharren werde. Sie half energisch mit, Alles zu diesem letzten Kampf vorzubereiten. Sie war ruhig und gefaßt. Niemand dachte an eine Uebergabe.

Alle waren sogar zu einem — Straßenkampfe, also auch darauf gefaßt, **dann noch** zu kämpfen, wenn es wirklich dem Barbaren gelingen sollte, über Bollwerke und Kourtine, hinweg, in die Straßen Wiens einzubringen. Dachstühle wurden also abgetragen und das Holz zu Palissaden verwendet, die Straßen wurden mit Ketten abgesperrt, abgegraben und verrammelt, Abschnitte und Verrammlungen auf Plätzen und Gassen wurden gemacht, aus den meisten Häusern wurden die eisernen Fenstergitter gerissen, um die Straßen ungangbar zu machen, die Häuser wurden verbollwerkt, verramt — man war entschlossen, — **jedes Haus** zu vertheidigen! Das Burgravelin ward ein Ameisenhaufen, ein Zauberhaufen genannt. Aber wie sah jetzt die Stadt aus? Jene Stadt die man bald „das Haupt Europa", das deutsche Rom", bald „die Kaiserin der Städte", bald „der Welt Lusthaus" nannte? Jetzt sah sie, wie ein Zeitgenosse berichtet, nicht anders aus, wie ein — Irrgarten.

Man konnte kaum 10 Schritte gehen „so traf man einen Abschnitt und Brustwerke mit starken Pallisaden versehen, mit Volk wohl besetzt und das geschah, um sich bis auf das Aeußerste zu wehren." — So lange als es nur menschenmöglich ist, wollte man kämpfen, um Zeit zu gewinnen, um das Eintreffen des Entsatzheeres zu ermöglichen.

Das war die wahre Gesinnung unserer Vorfahren. — „In des Feindes Lager wurde nur Confusion gesehen, in dem etliche hin und her liefen, andere die Pferde sattelten und andere die Cameel beladeten; wir bildeten uns ein, es müßte solches wegen unsers annahenden Succurs geschehen." Gegen Abend hielt der Feind seine Bettstunde abermal und machte aus groß und kleinem Geschütze ein solches Donnerwetter, „dergleichen man bis daher noch niemal gehört, setzte auch seine Arbeit aller Orthen eyffrigst fort" Der Geschützdonner wurde in den fernsten Gegenden, an der österr.-steir. Gränze vernommen. —

Aus verschiedenen Anzeichen muthmaßte man, der Feind würde „einen Generalsturm proben," „weßhalben dann der Herr Commandant alle Inwohner, und was nur Waffen zu führen vermochte, durch öffentlichen Trommel-Ruf zusammenkommen" ließ. Die Vertheidiger trafen in der Burgbastei auf 2 feindliche „Creutz-Minen, worinnen sie bei 24 Tonnen Pulver gefunden und dasselbe herausgenommen." Zwei Boten des Kaisers an Starhemberg wurden im türkischen Lager aufgefangen, sie sollten melden, daß in 3 Tagen das Entsatzherr da sein werde. Auch der Dumstolzeste, der Großvezier, zweifelt nicht mehr am Herannahen des Entsatzes, er beruft einen Kriegsrath.

Die Türken feuern am 9. so wild und wüthend aus ihren großen Mörsern und Karthaunen, als ob sie die ganze Stadt über den Haufen schießen wollten. Dreimal lief der Feind Sturm, — endlich gelang es ihm sich im untern Walle und in den Verbindungslinien des Grabens vor dem Zwischenwalle festzusetzen. Unverzüglich schritt er daran im Zwischenwalle 3 Minen anzulegen. Der Feind ist der Stadt schon sehr nahe gerückt, nun ist die Gefahr aufs Höchste gestiegen.

„Unterm 9. marschirten viel 1000 Türken gegen den Gallenberg und stellten sich in Bataille; andere brachen die Zelten ab, und hoben das Lager auff, insonderheit diejenige, so in der Insul (Tabor) und hinter der Nossau seither ihr Lager gehabt haben."

Ein entlaufener Gefangener berichtet, „daß bei dem Feind wegen unsers annahenden Succurs die größte Confusion obhanden sei. Dessen unangesehen hat der Feind dannoch mit Schießen und

Miniren unaussetzlich fortgesetzt." Man projektirte die Errichtung einer reitenden Freikompagnie zur Unterstützung eines Ausfalles gelegentlich der Entsatzschlacht; „weßhalben sich dann auch schon allbereit unterschiedliche, brave, junge Leuthe mit eygenen Pferden und Mondirung eingefunden." Zur Bildung dieser Freikompagnie kams nicht mehr. Tag auf Tag vergeht und noch immer will das Entsatzherr nicht erscheinen. Die Stimmung ist nicht mehr so gehoben. „Deß Nachts wurde dem Herzogen von Lothringen durch steigernde Raggeten der Wiener höchstgefährliche Zustand abermahlen zu erkennen gegeben." Michaelowitz ist von seinem am 1. September angetretenen 4. Gang nicht zurückgekehrt. Wohl sah man in der Nacht vom 2. auf 3. „zu Bisemberg ein Losungsfeuer zum Zeichen brennen, daß der Kundschafter die Brieffe überliefert hätte," — aber Michaelowitz selbst sah man nie wieder. Auch dieß mußte die Wiener beunruhigen. Es bleibt nur die Annahme übrig, daß Michaelowitz dießmal ein Opfer seines Muthes, seiner Treue, seines edlen Strebens, dem ängstlich harrenden Wien des Lothringers Trostworte zurückzubringen, geworden ist, daß er vom Feind getödtet wurde. Wahrlich, dieser Diener verdient mehr als neben Koltschitzky bloß genannt zu werden. Koltschitzkys Verdienst, so groß es immerhin gewesen sein mag, ist doch nicht so groß, um darüber den Opfertod eines der bravsten, treuesten, kühnsten Dieners Wiens und der heiligsten Sache zu vergessen! Wer so, wie er, für die hehrste Sache stirbt, soll im Gedächtniß jener, für die er starb — nicht sterben! —

Der 9. September verdient besonders hervorgehoben zu werden. — Der Bürgermeister Johann Andreas von Liebenberg erlag der Ruhr. Zu einer Zeit also starb dieser unerschrockene, umsichtige und thatkräftige Mann, wo bereits das Entsatzheer die Höhen des Kahlengebirgs emporzuklimmen im Begriff stand, wo ganz Wien in hoffnungsvoll gebesserter, das ganze Türkenlager in bestürzter Stimmung war. Den Aufregungen, den Anstrengungen und schließlich der Krankheit erlag ein Mann, auf welchem eine Last von Sorgen, Mühen und Verantwortlichkeit drückte, wie nicht so bald auf einem Haupt und Vertreter der Bürgerschaft! Wer möchte zweifeln, daß sich um ihn, als leuchtendes Vorbild eines Bürgers, die zum äußersten Widerstand gegen die Türken entschlossenen Bürger Wiens gruppirten und mit ihm aufopferungsvoll im Kampfe ausharrten?

Am 10. hat der Feind „unter der Cortine stark minirt und sonsten allenthalben seine Arbeit fleißigst befördert. Weil man die

Sprengung einer Mine besorgte „wurden etliche Stücke von der Burg-Pastey zurück gezogen und auff den Wall gepflanzet." In der Nacht ließ der Feind eine Mine an der Burgpastei springen und fing gleich wieder an, eine Hauptmine zu machen, „allein er wurde durch Abwerffung unserer Bomben, Granaten, 500pfündiger Mordschläg und steinern Kugeln in etwas verhindert." — Der Feind fuhr mit den Minirarbeiten im steten Feuer seiner Kanonen ununterbrochen fort. Man fürchtete die Explosion einer starken Mine unter dem Löwelrabelin, es wurden deßhalb die meisten Kanonen vom Ravelin weg auf die Burgkourtine gebracht. Die Feinde machten bedeutende, äußerst bedrohliche Fortschritte. Schon sind 7 bis 9 Minen hinter beiden Basteien, unter der Kourtine vorgeschoben. Durch Sprengung der Minen sollte endlich der Zwischenwall gebrochen, sollte endlich eine breite, großen Massen Raum gebende Straße geöffnet werden. Nun ist endlich die Gefahr augenscheinlich sehr nahe gerückt, daß über Bollwerke und Courtine hinweg der Feind bei einem Generalsturm in die Stadt bringt, — die Stadt im Sturme — inmitten eines schrecklichen allgemeinen Blutbades während eines schrecklich lange andauernden Straßenkampfes, nimmt!

„In der Nacht hat man zu dreymalen mit einer Stunde auff dem St. Stephans-Thurm viel Ragetten steigen lassen wodurch das höchstbedrängte Wien dem Hertzogen von Lothringen den fast in Zügen liegenden, elenden Zustand beweglichst wollte vorgebildet haben." — Graf Kaplier erließ den Befehl, daß alle beschriebenen Fremden ohne Weigerung sich der Vertheidigung anzuschließen haben.

Also gegen die Fremden, nicht gegen die Wiener Bürgerschaft war in der Zeit des entscheidendsten Augenblickes der Aufruf gerichtet. Am 11. feuerten die Feinde beinahe noch heftiger, als in den vorigen Tagen. „Den 11. schickte uns der Feind auß seinen Karthaunen ein erschröckliches Blitz und Donnerwetter zum Morgengruß, wurffe auch viel Bomben und Steine ein. Das Mittags-Mahl gesegnete er abermal uns Belagerten mit einem grausamen einschlagenden Hagel- und Donnerwetter. Gegen 2 Uhr Nachmittag geschahe von dem Gallenberg allwo eine Capelle dem heil. Leopold zu Ehren erbaut werden, auff der Feind ein Canon-Schuß, dannenhero rückten auß dem Lager, gleich nach dem Gebürg viel feindliche Trouppen und blieben unter dem besagten Gallenberg biß auff den Abend und durch folgende Nacht in Bereitschaft stehen, worbey überauß viel Fahnen zu sehen waren. Auß der Leopold Statt und

Insul machte sich auch alles mit Sack und Pack fort und der meiste Theil gegen der alten Türkenschanze zu." Gegen 5 Uhr sah man in der Nähe der Ruinen des niedergebrannten Kamalbulenser Klosters und der Leopold-Kapelle immer mehr Truppen auftauchen, — es ist die Befreiungsarmee!

Die Feinde "fiengen alsobald wiederumb anff die Statt allermassen sehr stark an zu Canoniren und die Arbeit aller Orthen eyffrigst fortzusetzen. Nachts endlich sah man, daß es mit dem Entsatze Ernst werde; man sah "die so lang ersehnte Losung" — (Feuerzeichen und Raketen) "der nunmehr unfehlbar vorhandenen Erlösung." Der Succurs wurde "von der ganzen Wiener Schaar auff der Mölker-Pastei durch 3 Kanonen-Schüße und 3 in die Lüfte steigende Raketen bewillkommt." Hunderte von Wachtfeuern leuchteten Nachts in der Ebene, im türkischen Lager, und auf dem Kranz der nahen Wiener-Waldberge! "Was nun solches für eine innerliche Freud und Trost bei uns Belägerten erwecket, kann Niemand besser glauben, als der selber durch diese 9 Wochen in diesem Angst-Kerker versperrt gewesen und alles ersinnliche Elend, so den Sterblichen jemahlen begegnen mag, hat erfahren müssen."

Der Schlachttag.

Der 12. September 1683 ist herangekommen. Er ist es werth, daß er sich dem Gedächtniß Aller einpräge. Schon dauerte die Belagerung 62 Tage, schon giengen Proviant, Pulver und Munitionsvorräthe zu Ende, schon waren die meisten Geschütze nicht mehr brauchbar.

Hören wir wieder die ergreifende Stimme eines Belagerten. "Und so kahme endlich der 12. Tag deß Monaths Septembris herbey, ein Tag welcher billichermassen mit goldenen Buchstaben und Schreibfedern vom härtesten Stahl in das Stammregister der Ewigkeit sollte einverleibt werden, indem an diesem Tag Wien, der Christenheit diamantener Herz- und Brustschild durch Göttlichen Beystand in den vorherigen Freyheits-Standt gesetzet werden; indem an diesem Tage der gedoppelte Adler sich überden türkischen Monden zu schwingen und ihm den Platz zu benehmen den Anfang gemacht." Wieder war der Tag des Herrn. Er brachte aber nicht die heilige Ruhe dieses Tages ins Land, in die Herzen.

In aller Frühe donnerten Kanonenschüsse vom Kahlenberge der Stadt endlich die Thatsache der — Hilfe zu. Der dummstolze Großvezier hatte es unterlassen die Schluchten, Pässe und Berge des Kahlengebirges zu besetzen, zu befestigen. Endlich sah man auf dem Kahlenberg die rothe Fahne mit dem weißen Kreuz.

Auf den Kuppen der vom Entsatzheer besetzten Berge ward ein so erderschütterndes Geschützfeuer vernommen, daß noch im letzten Augenblicke das Schlimmste zu besorgen stand, „sintemalen uns der Feind einen erschröcklichen Morgengruß aus seinem groben Geschütze zuschickte und biß Nachmittag überaus viel Bomben und Steine einwurffe auch aller Orten eyffrigst seine Arbeit beförderte." Kanonade und Minirarbeit wurden vom Feind mit solchem Nachdruck betrieben wie nie früher — als sollte Wien noch angesichts des Entsatzheeres fallen. Jemehr der Tag vorrückte, desto heftiger wurde die Kanonade. Doch auch die heldenmüthigen Kämpfer Wiens schossen unaufhörlich gegen die sämmtlichen feindlichen Werke, besonders gegen die heutige Mariahilferstraße, wo sich viele türkische Heeresabtheilungen bildeten. Ein Belagerter schrieb: „Das große Schießen so hinaus und herein geschah verursachte einen solchen Rauch und Dampf, daß man fast nichts sehen können." Minensprengungen und Sturm fürchtete man jeden Augenblick. Truppen, bewaffnete Bürger und Freikompagnien blieben Tags über in Kampfsbereitschaft. Angst und Aufregung der Wiener waren furchtbar. Wird der Tag — Befreiung, oder die barbarischen Feinde in die Stadt und mit ihnen Plünderung, Mord und Brand bringen? Theils betend, theils der Verzweiflung nahe drängten sich die Wiener auf den nordwestlich gelegenen Festungswerken zusammen, ängstlich aufgeregt nach jeder Wendung des Kampfes ausspähend. Die welthistorische Wichtigkeit des Tages für das Geschick von Staaten und Völkern wird vom kampfesmuthigen Wien wie von der Entsatzarmee erkannt. Der Polenkönig schlug am Leopoldsberg seinen Sohn zum Ritter „zum Andenken, an die größte Stunde die er je erleben könne."

Entsatz-Truppen rücken über die Abhänge des Leopolds- und Kahlenberges herab, aus den Schluchten und an der Donau vor. Zahlreiche Türkenschaaren nähern sich eben demselben Gebirge und bestreben sich die Hohlwege zu besetzen. Dies mußte alsbald zum Zusammenstoß führen. Dort wo der Wienerwald so nahe zur Donau hinstreicht, daß zwischen dem Leopoldsberg und der Donau nur ein sehr schmaler Ufersaum bleibt, am Fuße des Kahlengebirges eröffneten die Kaiserlichen und die Sachsen vom linken Flügel des Entsatzheeres den Schlachtreigen. 2 kaiserliche Bataillone des Regimentes Salm stießen zuerst auf den Feind. Dem Vordringen des Centrums — Baiern und Franken — und des rechten Flügels — Polen — stellten sich dichte Wälder, Berge und Schluchten entgegen, Die Polen hatten Umwege, die Hauptmacht nähmlich zog den weiten Weg, welcher durchs Gebirge von Königstetten gegen Wien führt. Die Türken des rechten Flügels unter dem tapferen Pascha Osman Ogli nahmen den Kampf mit den Kaiserlichen und Sachsen des linken Flügels mit größter Tapferkeit auf. Die Türken hatten eine mehr gesicherte Stellung und Terrainschwierigkeiten für sich. Die ersten sächsischen Bataillone, die sächsischen Grenadiere, und einige kaiserliche Bataillone kamen ziemlich hart ins Gedränge. Die Sachsen zogen den Rest ihrer noch auf der Bergeshöhe gebliebenen Truppen herbei. Und nun durchbrachen sie die türkischen Fronten, verdrängten die Türken aus der ihnen so vortheilhaften Stellung in der Gebirgsschlucht am Kahlenbergerbach und erleichterten den Kampf der am äußersten Flügel stehenden heftig angegriffenen Kaiserlichen und sächsischen Grenadiere. Der Herzog von Lothringen beobachtete am Leopoldsberg die Bewegungen der Türken. Ueber Befehl Lothringens erhielt der Kommandant des äußersten Flügels Verstärkung. Nun ward der Feind zurückgedrängt und standen die Kaiserlichen um 8 Uhr Morgens in den Hohlwegen des Kahlenbergerbaches. Nun galts den rebenreichen Nußberg. Wiederholt mußte der Türke weichen, wiederholt drang er vor, endlich aber blieb die Höhe in der Gewalt der Entsatztruppen. Osman Ogli wollte sie um jeden Preis zurückerobern. Er sammelte alle Kraft und kehrt zurück um den Sieg, die Höhe — den Siegern zu entreißen. Aber weder türkische Tapferkeit noch Uebermacht, noch wiederholt stürmische Angriffe vermochten etwas über die heldenmuthige Ausdauer der Kaiserlichen und Sachsen. Immer wieder zurückgeschlagen mußten die Türken gegen die Hohlwege von Nußdorf zurückweichen.

Der Großvezier hatte befohlen die Hohlwege bis auf den letzten Blutstropfen zu vertheidigen. Hartnäckig ward um sie gekämpft, aber endlich wurden sie doch von den Kaiserlichen vertrieben und bis an die Höhen von Nußdorf verfolgt. Aber da flaute sich das Gewoge der Kämpfenden, da ward von neuem der heftigste Kampf aufgenommen, da wogte der Kampf lange unentschieden — ja die Kaiserlichen traten sogar den Rückzug an. Da saßen die sächsischen Dragoner ab und warfen sich dem Feind entgegen. Gleichzeitig packte die sächsische Infanterie den Feind in der Flanke. Vereint mit den Sachsen drangen nun die Kaiserlichen wieder unaufhaltsam vor. Das Vorrücken der Kaiserlichen über den Nußberg nach Nußdorf kostete viel Blut. Nußdorf war von vielen Türken besetzt. Häuser, Keller, Gärten, alles war in Vertheidigungsstand gesetzt und mußte mit bewaffneter Hand den Türken entrissen werden. Sie flohen bis gegen Döbling. Aber wieder setzen sie sich da fest, und verstärkten sich beträchtlich. Heiligenstadt und die dortige Grinzingerbachfurche waren die Stellen, welche die Türken zu halten sich besonders bemühten. In immer steigender Zahl wurden die Türken in den Kampf geführt, ihr Widerstand nahm zu, mit besonderem Geschick benützten sie alle Terrainschwierigkeiten. Noch stand die türkische Heeresmacht von Döbling bis Breitensee in zusammenhängender unerschütterter Stellung. Mittags hatte die Armee am linken Flügel ihre Stellung in Nußdorf und vor Heiligenstadt genommen.

Bisher hatten bloß die Truppen des linken Flügels—Kaiserliche und Sachsen—den Türken die Macht ihres Muthes und ihrer Waffen blutig bewiesen. Der Herzog von Lothringen ließ das Gefecht abbrechen, die Truppen waren außerordentlich ermüdet, einiger Ruhe bedurften sie. Aber schon geht es gegen 2 Uhr und noch immer sind die so sehnsüchtig erharrten Polen nicht da. Plötzlich werden Fähnlein an Lanzen in der Ferne sichtbar—die Polen sinds!

Ungestüm brechen sie aus den Wäldern bei Dornbach und Neustift gegen den Feind vor. Freudigste Begeisterung erfaßt mit Allgewalt die Deutschen, die Kaiserlichen! Sie vergessen Müdigkeit und Strapazen. Sie springen auf und bewillkommen mit einem unsäglichen Freudengeschrei ihre Kampfesbrüder — die Polen! Ja manche sprangen sogar aus Reih und Glied (Sachsen) und wären auf die Türken losgeeilt, wenn man sie nicht an ihre gefährliche Unbesonnenheit gemahnt hätte!

Noch immer ist aber die Lage der Türken keine ungünstige. Auch die Türken werfen sich den aus dem Wald vorbrechenden Polen kampfwüthig entgegen. — Wiederholt stürmen die Polen an, der türkische Flügel — wankt. C. Mustapha, sagt Camesina, erkannte, daß mit den kaiserl. und deutschen Truppen nichts zu machen sei, daß er nur hier, bei den Polen, die ihm weniger furchtbare Feinde erschienen, noch einen Erfolg erringen könne. — Mit Uebermacht warf sich der Feind auf einen Theil des Entsatzheeres, um ihn zu vernichten. Truppen des türkischen Mitteltreffens werden zur Unterstützung des linken Flügels der Türken herangezogen. Alle Tapferkeit, aller Ungestüm der Polen sind vergebens. Die Türken bilden gegen sie eine solche gewaltige, tiefe Masse, daß an ihr, wie an einer undurchbrechbaren Mauer die anstürmenden Polen immer wieder zurückprallen. Der Großvezier zieht immer weitere Verstärkungen heran. Ein polnisches Reiterregiment wird plötzlich im Rücken und in der Seite bedroht, — es stob in wilder Flucht auseinander, brachte Verwirrung in die Reihen der Kämpfenden und riß mit sich, was ihm entgegenstand. Selbst Sobieski war bereits von feindlicher Uebermacht umringt. Um nicht vernichtet zu werden, mußte er sich durchschlagen. Schon mochte der Großvezier wähnen, er habe den Sieg errungen. Da wird die polnische Reiterei durch, aus der Ferne auf dem Kampfplatz eintreffendes Fußvolk verstärkt und von deutschen Regimentern unterstützt. Die Polen hielten Stand und griffen neuerlich an. Nun galts die Kraft der Vereinigung des Wirkens mit vereinten Kräften zu erproben, und vorwärts scholls aus dem Munde des genialen Lothringen. Und nun rückte man allgemein im linken Flügel und im Centrum vor. Die Truppen des deutschen Reiches nahmen Heiligenstadt und die Linie am Grinzingerbach, die Kaiserlichen nahmen die große türkische Batterie auf den Höhen vor Döbling. Die Kaiserlichen und die Reichstruppen brachen den Widerstand der Türken auf dem Terrain zwischen dem Grinzinger- und Krotenbach. Man ließ dem geschlagenen Feind keine Ruhe. Die Kaiserlichen drangen zugleich mit dem Feind in dem von den Türken besetzten Döbling ein. Die Sachsen vertrieben nach tapferer Gegenwehr den Feind aus den Sandschluchten der „Türkenschanze", stürmten die große von den Türken auf der Höhe der Türkenschanze errichtete Schanze und schlugen den Feind über Weinhaus und Währing zurück. Auch das polnische Heer war in unaufhaltsamem Vorrücken begriffen. Auch sie erprobten ihre Tapferkeit, siegend brausten ihre Schaaren bis gegen Hernals, bis an die Ufer der Wien. Sobieski tödtete mit eigener Hand mehrere Türken. Die Baiern brachen von Sievering vor, Alles was ihnen entgegenstand über den Haufen werfend, nahmen sie beim ersten Anlauf Hernals.

Die Kerntruppen des Großveziers wanken, weichen. Der Herzog von Lothringen bringt durch die Rossau und an der Donau vor. Ungefähr eine Stunde wird innerhalb der Ruinen, der abgebrannten Vorstädte gekämpft.

Da sprengt, es war gegen 5 Uhr N. M., an der Spitze von Reiterregimentern Markgraf Ludwig von Baden bis zur Gegenböschung am Schottenthor vor. Er ist von Lothringen gesendet, fröhlicher Paukenstreich und Trompetenschall verkündet den ängstlich harrenden Wienern frohe Siegesbotschaft. Ueber Geheiß Lothringens wird ein Ausfall unternommen. Die in den Laufgräben verschanz-

ten Feinde gaben aber selbst jetzt, angesichts des siegenden Entsatz=
heeres, den Widerstand, die Hoffnung Wien zu erobern, nicht auf.
Der Feind in den Approchen canonirte und bombardirte als hätte
er „annoch den besten Vortheil in Händen." Mit ungebrochenem
Muthe stellte er sich den Angriffen der Reiter und der ausfallenden
Wiener entgegen und wendete in wirksamer Weise das Feuer
seiner Geschütze gegen seine Angreifer.

Vergebens suchte der Großvezier die Reste der Seinen bei
St. Ulrich zu sammeln, vergebens suchte er, sie hinter einer Wa=
genburg zum Stehen, zum Widerstand zu vermögen. Unaufhaltsam
brauste die Fluth des Entsatzheeres ins Lager der Feinde. Alles
suchte rath= und thatlos sein Heil nur in der Flucht — selbst der
Großvezier! Und nun erst wurden auch die in den Laufgräben zu=
rückgebliebenen noch tapfer Kämpfenden in die allgemeine Flucht
mitgerissen, sie verliessen Gräben, Geschütze, Werkzeug, und flüch=
teten mit den Flüchtenden. „Inzwischen wurde der flüchtige Feind
mit denen Canonenkugeln wormit er von denen Pasteyen kunte er=
reichet werden, ziemblicher massen auff den Puckel gebrennt."

Und fort gings in rasender Eile ohne Aufenthalt über den
Wienerberg, über die ungarische Gränze und erst weit in Ungarn
bei Raab sammelten sich die Reste des Feindes.

Um die 6. Abendstunde war der Sieg vollständig. Die Zahl
der in dieser Schlacht vor Wien gefallenen Türken wird bald mit
4000, bald mit 8000, auch mit 10.000 angegeben. Auch die Verluste des
Entsatzheeres waren groß.

Eine schmähliche Geschichtsfälschung wäre es, die Polen als
die Retter Wiens zu preisen. Das bald mit 64.000, bald mit etwa
70.000 Mann berechnete Entsatzheer, zählte etwa 20.000 Kaiserliche
und etwa 20.000 Polen. Und diese 20.000 Polen sollen Wien ge=
rettet haben! Die Mehrzahl, 30.000 Deutsche aus dem Reiche,
zählen also wenig! Und schreibt nicht Sobieski selbst, die Sachsen
sind sehr schön, gut gekleidet, ganz vollzählig, und gut dis=
ciplinirt; schreibt er nicht, linker Flügel und das Corpo hätten
ihm besser „parirt als die Pohlacken." Ein großer Theil des bis=
herigen Erfolgs der Sachsen, schreibt ein namhafter Schriftsteller
gebührt ihrer vortrefflichen Artillerie, auch waren die Reihen der
Kaiserlichen und Sachsen — sie kämpften den ganzen Tag — am
meisten gelichtet.

Ja, hätte nicht Lothringen, wenn die Polen noch länger aus=
geblieben wären — ohne Polen die Rettung Wiens gewagt? Das
größte Verdienst um die Rettung Wiens haben der geniale und

dabei bescheidene Lothringen, der heldenhaft stramm ausdauernde Graf Starhemberg.

Der 12. September 1683 wendete das größte Unheil von Europa ab. Vor Wien ward einer der größten und folgenreichsten Siege im Jahrhunderte langen Kampfe um die Schätze der Civilisation des Abendlandes gegen die gefährlichste kriegerische Macht der Barbarei des Orients errungen.

Der Jahrhunderte hindurch wachsenden Ausdehnung der türkischen Kriegs- und Weltmacht, der Ausdehnung der ewigen türkischen Raub- und Verheerungszüge gegen Westen ward ein immerwährendes und jähes Ende mit Schrecken bereitet.

Zweifelsohne wären einer Niederlage des Entsatzheeres staatenumwälzende Ereignisse von folgenschwerster Tragweite gefolgt. Und Oesterreich-Ungarn? Höchst wahrscheinlich würde es nicht wie heute existiren. Der allerchristlichste König Ludwig XIV. würde schon in unchristlichster Weise redlich sein Schärflein dazu beigetragen haben.

Mit dem Siege vor Wien trat für die mit der alten Ostmark geeinten Länder einer der interessantesten, denkwürdigsten geschichtlichen Wendepunkte ein. Mit diesem Siege begann ein von Jahr zu Jahr steigender Aufschwung der Machtstellung der unter der glorreichen Krone Habsburgs geeinten Länder im Osten. Zitterte nicht selbst Stambul unter den vernichtenden Schlägen des größten Heerführers und Türkenbesiegers, Eugen v. Savoyen?

Kara Mustapha wurde auf Befehl jenes Sultans, den er die hochheilige Majestät, den allererschrecklichsten aller derer, die auf Erden herrschen, den höchsten, hellglänzendsten, großmächtigsten und gnädigsten Herrn, den Kaiser des ganzen Erdreiches, dessen Waffen-Schatten Gott in alle Welt ausbreitet, titulirte, wegen der Niederlage in Belgrad strangulirt. Nur die Civilisation ist, wie der bisherige Verlauf der Menschengeschichte tröstet, jene hochheilige Majestät, welcher die Macht des ganzen Erdreichs gebührt und deren Schatten d. i. deren Macht der M e n s c h über alle Welt ausbreiten soll. Unter die beglückenden Schätze der Civilisation rechne ich freilich nicht jene Reichthümer, zu deren Anhäufung in den Händen Einzelner auf Kosten der großen Masse Mittel und Wege bereitet waren und werden.

Wieder wurde wie einst unter Ferdinand I. der die dauernde Vereinigung Böhmens und Ungarns mit Deutsch-Oesterreich erreichte, unter den Mauern Wiens, des Bollwerks des Abendlandes und seiner Gesittung, das Schicksal des Reiches entschieden. Dem Siege vor Wien folgten weitere Siege in Ungarn. Die Deutschen „mit beren Blut wegen eueres Hehls (der Ungarn) die Erd so vielfältig getünchet worden," haben treulich mitgeholfen. Und als 1686 die kaiserlichen und brandenburgischen Kerntruppen zuerst die Mauern Ofens erstiegen, als die Hauptstadt der Ungarn nach 145 Jahre langer türkischer Knechtschaft erobert ward,—war der Triumph der Christenheit unaussprechlich. Um die Rettung Wiens — Oesterreichs haben 2 das größte Verdienst—der zähe, todesmuthige Starhemberg und jener Held, den Ludwig XIV. selbst den tapfersten, weisesten und großmüthigsten seiner Feinde nannte, jener Held „dessen Haus mit dem der Habsburger bald in eines verschmelzen sollte, der bescheidene, geniale Herzog Karl V. von Lothringen.

Das Burgravelin.

Motto:
Wo stand das Burgravelin, näher
dem Burgring, der Bellariastraße,
dem Volksgarten?

Du frägst nach jener Stelle,
 Wo einst das Bollwerk stand,
Auf dem manch braver Kriegsmann
 Den Tod des Helden fand.

Inmitten zweier Basteier,
 Da ragte das Ravelin auf,
Und bot dem Vezier die Stirne,
 Und hemmte der Stürmenden Lauf.

Nicht groß war jene Stelle,
 Nicht groß die tapfere Schaar,
Die heldenkühn da bekämpfte
 Den Spahi und Janitschar.

Die unermüdet mit Sensen,
 Mit Schwert und Feuesbrand,
Mit Pech und Morgensternen
 Hier kämpfte für unser Land.

Die da beim Getrache der Minen
 Im Kampfe a u s g e h a r r t,
Bis sich der Retter nahte,
 Und W i e n gerettet ward.

Du suchest die Stelle vergebens; —
 Nicht findest den Felsen du mehr,
Wo Asiens Völker stürmten,
 Zerschellte des Padischah Heer.

Und Mensch und Zeit vernichten
 Des Menschen Heiligthum,
Sie tauchen in nächtliches D u n k e l
 Der glänzendsten Wahlstatt Ruhm.

Doch Alle, die auf dem Bollwerk
 Für Alle ihr Leben gaben,
Sie sollen im Herzen Aller
 Ihr ewiges Denkmal haben!

Krems a. d. Donau, 22. Juli 1883.